CARSTEN BROSDA

AUSN AHME /ZUS TAND

NOTWENDIGE DEBATTEN NACH CORONA

HOFFMANN UND CAMPE

1. Auflage 2020
Copyright © 2020 Hoffmann und Campe Verlag, Hamburg
www.hoffmann-und-campe.de
Einbandgestaltung: Vivian Bencs © Hoffmann und Campe
Satz: Dörlemann Satz, Lemförde
Gesetzt aus der Albertina MT und der Futura Std
Druck und Bindung: CPI books GmbH, Leck
Printed in Germany
ISBN 978-3-455-01046-6

HOFFMANN
UND CAMPE

Ein Unternehmen der
GANSKE VERLAGSGRUPPE

In Erinnerung an
Helga Brosda (1943–2020)

DER
INHALT

DER SCHOCK: DIE INFEKTION DER GESELLSCHAFT

Auch wer noch nie etwas von der Chaostheorie gehört hat, kennt wahrscheinlich den Satz des US-Mathematikers Edward N. Lorenz, der fragte: »Kann der Flügelschlag eines Schmetterlings in Brasilien einen Tornado in Texas auslösen?« Diese scheinbar unschuldige Frage zielt nicht nur auf die globale Verflechtung von Ursache und Wirkung, sondern zugleich auch auf die Dynamik nicht linearer Entwicklungen. Beides haben wir seit Beginn des Jahres 2020 schmerzlich verdeutlicht bekommen und können heute sagen: Ja, eine Virusinfektion auf einem Markt in China kann die ganze Welt ins Wanken bringen.

Wir haben erleben müssen, wie schnell eine zunächst als weit entfernt empfundene gesundheitliche Gefahr zu einer unmittelbar nahen Bedrohung wurde, die unseren Alltag beinahe vollständig verändern konnte. Geschehen konnte das auch deshalb, weil wir gesellschaftliche, wirtschaftliche und politische Rahmenbedingungen in den vergangenen Jahren so gesetzt haben, dass wir besonders anfällig geworden sind. Denn das Coronavirus ist nicht nur eine externe Bedrohung, sondern berührt auch zahlreiche innere Strukturen unseres Zusammenlebens und konnte gerade deshalb seine fast nur chaostheoretisch zu erfassende anfängliche Wucht entfalten.

Der Soziologe Armin Nassehi hat im *Tagesspiegel* vom 12. April 2020 darauf hingewiesen, dass das Coronavirus schon jetzt weniger als frühere Epidemien vorrangig als ein Naturphänomen zu begreifen sei: »Denn seine Verbreitung und Gefahr rechnen wir vor allem menschlichem Verhalten und gesellschaftlichen Strukturen zu: der Globalisierung des Waren- und Personenverkehrs, der Kontaktsensibilität unseres Verhaltens und der Potenz des Gesundheitswesens, nicht zuletzt den finanziellen Möglichkeiten, eine angemessene Infrastruktur vorhalten zu können, vielleicht sogar erzwungener Sparpolitik auf Kosten solcher Infrastrukturen. Es stimmt also: In erster Linie ist die Gesellschaft infiziert.«

Der Einbruch des Coronavirus in unseren Alltag hat jene gewachsene Komplexität unserer Gesellschaft ins Wanken gebracht, die in der Regel verhindert, dass eine bestimmte soziale Logik, wie beispielsweise Profit- oder Machtstreben, alles andere dominiert. Normalerweise kennen wir in unserem Alltag getrennte Bereiche, die jeweils verschiedenen Logiken passgenau folgen. Wir empfinden deshalb Übergriffe dieser Logiken, wenn also beispielsweise mangelnde Bezahlbarkeit politisch Sinnvolles verhindert, als ein nachgerade gewaltsames Eindringen in fremde Bereiche, das Jürgen Habermas als »Kolonisierung« beschreibt. Doch durch Corona sind wir Zeugen einer historischen Ausnahmesituation in der Moderne geworden, eines umfassenden äußeren Schocks, dessen Folgen die Grenzen dieser sonst getrennten Bereiche eingerissen haben und in beinahe jeder Verästelung unseres Miteinanders spürbar wurden und werden.

Wie tief ein solcher Schock wirken kann, lässt sich den Schilderungen Heinrich Heines im sechsten Artikel seiner *Französischen Zustände* entnehmen, in dem er die Choleraepidemie in Paris 1832 beschreibt. Er legt dabei das Augenmerk auf die sozialen und öffentlichen Folgen der Krankheit, veranschaulicht, wie eine Gesellschaft buchstäblich aus den Fugen gerät, Gerüchte mit Wissen verwechselt werden und Emotionen die Vernunft beiseitedrängen. Die damalige Epidemie konnte sich ungehindert ausbreiten, weil sie zunächst nicht ausreichend ernst genommen wurde.

Die Parallelen zu den Ereignissen im Frühjahr 2020 lesen sich frappierend: 1832 wurden die Feiern zum französischen Karneval »Mi-Carême«, die nach Berichten über den milden Verlauf der Cholera in London ohne Vorsicht stattfanden, zum Inkubator und Katalysator der Krankheit. In den folgenden Wochen geriet Paris vollständig in den Griff der Epidemie. Sie raffte Tausende dahin, führte zu Aufständen derjenigen, deren Lebensmodell von den staatlichen Sanitätsvorgaben und Reinigungsaktionen bedroht wurde, und bewirkte schließlich den beinahe vollständigen Zusammenbruch des öffentlichen Lebens. Heine beschreibt eindringlich, wie der Kampf gegen die Ursachen der Epidemie Menschen um ihre Lebensgrundlage brachte, welche sozialen und kulturellen Verwerfungen das nach sich zog und wie sich die Begierde in die Gesellschaft fraß, jede noch so abstruse, scheinplausible Erklärung für das Geschehen als wahr zu akzeptieren.

Schon diesen fast zweihundert Jahre alten Schilderungen lässt sich entnehmen, dass eine Pandemie eine Gesellschaft in ihrer ganzen Unübersichtlichkeit und Komplexität in den Griff nimmt und alle noch so unterschiedlichen gesellschaftlichen Bereiche auf ihre Logik umpolen kann. Heute – in einer nochmals ungleich komplexeren und ausdifferenzierten Gesellschaft – gilt das immer noch.

Dass die gesellschaftliche Herausforderung maximal vereinheitlichend wirkt, bedeutet aber nicht, dass sich die Komplexität der herausgeforderten Gesellschaft in Luft auflöst. Wir müssen nicht nur mit den allgegenwärtigen Folgen des Virus umgehen, sondern zugleich in seiner Bekämpfung nach wie vor akzeptieren, dass es eben keinen archimedischen Punkt gibt, von dem aus man die Dinge ordnen kann, sondern dass wir mit den Widersprüchen zwischen medizinischen, wirtschaftlichen, gesellschaftlichen und kulturellen Notwendigkeiten leben müssen. Um in einer medizinischen Metapher zu verbleiben: Wenn wir auch auf Dauer ein gesellschaftliches Multiorganversagen verhindern wollen, brauchen wir eine differenzierte und komplexe Therapie, die das Wissen und die Kreativität vieler gesellschaftlicher Bereiche zusammenbringt.

Das hat die Erfahrung des teilweisen gesellschaftlichen Shutdowns recht deutlich gezeigt, mit dem wir im Frühjahr 2020 vergleichsweise zügig auf die Herausforderung des zunächst exponentiellen Virusverlaufs reagiert haben. Die Beschränkung von Kontakten zwischen Bürgerinnen und Bürgern, die damit einhergehende Einschränkung der Bewegungsfreiheit im öffentlichen Raum und die Schließung vieler nicht für den alltäglichen Bedarf notwendiger Räume war aus epidemiologischer Sicht notwendig, um das Verbreitungsgeschehen des Virus so weit zu verlangsamen, dass eine lebensgefährliche Überlastung des Gesundheitssystems vermieden werden konnte. Zugleich aber hat diese Strategie dramatische wirtschaftliche und soziale Folgen, die bereits früh dazu geführt haben, dass die Stimmen lauter wurden, die eine differenziertere Abwägung verlangten. Sie befürchteten, dass die Folgen der gesellschaftlichen und wirtschaftlichen Vollbremsung nicht nur Kollateralschäden im Dienste eines höheren Gutes wären, sondern weit darüber hinaus reichen könnten.

Viele Expertenpapiere sind schon früh zur Notwendigkeit des teilweisen Shutdowns geschrieben worden. In einem davon – dem Thesenpapier »Datenbasis verbessern, Prävention gezielt weiterentwickeln, Bürgerrechte wahren« – weisen Gesundheitsexperten rund um den Kölner Mediziner und ehemaligen stellvertretenden Vorsitzenden des Sachverständigenrates Gesundheit Matthias Schrappe auf die Gefahren hin, die entstehen können, wenn die Politik keine ausreichend differenzierte Abwägung vornimmt. Sie schreiben im April 2020: »Zum einen darf der Bezug auf wissenschaftliche Erkenntnisse nicht den politischen Charakter konfliktärer Entscheidungssituationen und die Verantwortung für ihre demokratische Absicherung abschwächen oder in Frage stellen. Eine solche Entwicklung wäre geeignet, einer Verschärfung der in der gegenwärtigen politischen Diskussion immer wieder benannten Legitimationskrise der Demokratie Vorschub zu leisten (Kritik an der ›Expertokratie‹). Zum anderen kann, insbesondere bei selektiver oder auf Bestätigung ausgerichteter Beratungsnachfrage, die Wissenschaft ihr auf Multidimensionalität beruhendes Gleichgewicht verlieren und insofern Schaden nehmen.«

Hier warnen Wissenschaftler und Fachleute zu Recht davor, ihrer jeweils fachspezifischen Perspektive allein zu viel Gewicht in der Anwendung auf eine komplexe Gesellschaft zuzusprechen. Sie fordern die Politik dazu auf, die Vielfalt möglicher Perspektiven auf die aktuelle Lage zur Kenntnis zu nehmen, eine transdisziplinäre Analyse vorzunehmen und dann auf dieser Grundlage eine auf das Allgemeine bezogene Strategie zu entwickeln. Diese frühe Mahnung fand viel Beachtung – und sie ist in der Tat bemerkenswert. Schließlich hätten wir ja annehmen können, dass wir genau diese Vernetzung unterschiedlicher wissenschaftlicher Perspektiven bereits in anderen Debatten, zum Beispiel über den Klimawandel, gelernt hätten. Dass auch mit Blick auf das Coronavirus so früh eine Engführung auf virologische und epidemiologische Expertise beklagt wurde, zeigt, dass wir uns weiter damit befassen müssen, wie wir öffentliche Debatten in einer vielstimmigen Wissensgesellschaft organisieren wollen.

Denn wenn die Herausforderungen vielgestaltig sind, dann müssen es auch die Lösungsansätze sein. Dann sind die gesundheitsbezogenen Überlegungen mindestens zu ergänzen durch soziologische, ökonomische, psychologische, ethische und kulturwissenschaftliche Perspektiven, die die blinden Flecken der aufgrund der Dringlichkeit der Pandemiebekämpfung dominanten medizinischen Positionen ausleuchten und beobachtbar machen können. So wie es beispielsweise in den Stellungnahmen der Nationalen Akademie der Wissenschaften Leopoldina versucht wurde. Es ist die Aufgabe der Politik in der Krise, solche Prozesse anzustoßen, zu moderieren und zu Entscheidungen zu führen. Oder in den Worten der zitierten Experten um Matthias Schrappe: »Demokratische Grundsätze dürfen nicht gegen Gesundheit und Bürgerrechte ausgespielt werden. Die Einbeziehung von Experten aus Wissenschaft und Praxis muss in einer Breite erfolgen, die einer solchen Entwicklung entgegenwirkt.« Das ist in einer unübersichtlichen Krisenlage natürlich leichter geschrieben als getan. Aber zumindest im weiteren Prozess ist es unerlässlich.

Gerade in der Anfangsphase der Pandemie musste angesichts einer exponentiellen Infektionsentwicklung schnell und entschieden gehandelt werden. Wer in so einer Situation alles vorab durchdenken und diskutieren will, wird mit seinen Entscheidungen mit Sicherheit zu spät dran sein.

Zeit für gründlichere Reflexion haben die Entscheidungsverläufe anfangs oft kaum zugelassen, Raum für Debatte auch nur in seltenen Fällen. Das ist in dynamischen Krisenverläufen oft zwangsläufig so – aber es bedarf in der Folgezeit einer Diskussion über die Lehren aus der Krise und die sich anschließenden notwendigen Veränderungen. Bereits jetzt kristallisieren sich Fragekomplexe heraus, mit denen wir uns gesellschaftlich werden auseinandersetzen müssen. Natürlich ist die Lage noch viel zu unübersichtlich, um auch nur vorläufige Schlussfolgerungen zu ziehen. Aber rechtzeitig die notwendigen Debatten zu markieren kann helfen, sich gegen die Verdrängungsmechanismen zu wappnen, die einer fundamentalen Krise stets auf dem Fuße folgen.

Dieses Buch soll daher einen ersten Versuch darstellen, einige Themenfelder zu umreißen, auf denen wir miteinander klären sollten, wie ein künftiger gesellschaftlicher Normalzustand aussehen kann. Denn ein einfaches Zurück zu der Zeit davor – das zeichnet sich bereits ab – wird es nicht geben können. Zu tiefgreifend und zu breit gefächert sind die Auswirkungen des Coronavirus und der Entscheidungen zu seiner Bekämpfung, mit denen die anfänglich sich exponentiell aufbauende Welle der Neuinfektionen gebrochen werden musste – und vielleicht auch wieder muss, sollten weitere Infektionswellen bis zur Verfügbarkeit eines Impfstoffes entstehen. Diese Auswirkungen betreffen Gesellschaft, Wirtschaft, Politik und Kultur gleichermaßen und setzen nicht selten auch die privaten Lebensumstände vieler Bürgerinnen und Bürger gehörig unter Druck.

Es ist daher davon auszugehen, dass die Fragen, die in der Aufarbeitung der Coronakrise auf uns zukommen werden, weit komplexer sein werden als diejenigen nach der richtigen Strategie zur weiteren Eindämmung und Zurückdrängung des Virus. Um besser zu verstehen, welche Fragen das sein werden, bedarf es eines genauen Blicks auf die Dimensionen des Schocks, den das Coronavirus und seine Bekämpfung in unserer Gesellschaft ausgelöst haben. Daran anschließend können erste Hinweise auf die Fragen gegeben werden, die wir werden diskutieren müssen, wenn wir vermeiden wollen, dass die aktuellen Ausnahmen zu einem neuen Zustand werden.

DIE NEUE ERFAHRUNG
GLOBALER NÄHE

In der Wahrnehmung der Krise dominierten die Abstandsregeln, die sich zur Bekämpfung der Ausbreitung des Virus in unserer Gesellschaft durchgesetzt haben. Hygiene, Mund-Nasen-Schutz und ein Sicherheitsradius von anderthalb Metern zwischen sich begegnenden Fremden haben sich als die wichtigsten Mechanismen zur Verhinderung von Infektionen erwiesen. In der Folge ist viel nachgedacht worden darüber, was diese neue Distanziertheit im Alltag mit unserem Miteinander macht.

Aber zu Beginn der Virusentwicklung ist eine ganz andere Erfahrung der Nähe von Bedeutung gewesen: die Erfahrung, dass es keine distanzierte Entwicklung auf unserem Globus mehr gibt, dass uns alles sehr schnell sehr nahe kommen kann – auch ein Krankheitsgeschehen am anderen Ende der Welt.

Als im Januar 2020 die ersten Meldungen von einem neuartigen Coronavirus aus China nach Europa gelangten, schauten die hiesigen Medien aus interessierter Distanz auf die Entwicklungen in Wuhan. Das im Verlauf immer rigidere Krisenmanagement der autokratischen chinesischen Staatsführung stand dabei genauso im Blick wie die Spezifika des unbekannten Erregers SARS-CoV-2.

Der Bau zweier neuer Krankenhäuser binnen gerade einmal zehn Tagen wurde zum Anlass genommen, über die schleppenden Infrastrukturentwicklungen in Deutschland zu räsonieren. Das Schicksal des ersten Arztes, der Ende Dezember 2019 vor dem neuen Virus warnte und später selber erkrankte und verstarb, bewegte auch die hiesige Öffentlichkeit. Und die Berichte von Isolierstationen, Ausgangssperren und einem zunehmend an seine Grenzen gelangenden Gesundheitssystem beschrieben eine ferne Dystopie. Die Frage, ob und auf welchen Wegen das dortige Infektionsgeschehen auch nach Europa und nach Deutschland gelangen könnte, blieb demgegenüber – abgesehen von wenigen, damals aber noch marginalisierten Expertenstimmen – deutlich im Hintergrund.

Auch die politischen Aussagen zu den Gefahren von SARS-CoV-2 für die hiesige Gesellschaft waren betont undramatisch. Und das nicht, weil die Politik beschwichtigen wollte, sondern weil sie sich auf entsprechende Urteile der Weltgesundheitsorganisation (WHO) und des Robert-Koch-Instituts (RKI) berufen konnte. Ende Januar führte der Bundesgesundheitsminister aus, dass man die Krankheit einordnen müsse, dass auch an der Grippe jedes Jahr bis zu 20 000 Menschen in Deutschland stürben und dass im Vergleich dazu das Infektionsgeschehen bei der neuen Lungenkrankheit milder sei. Die Gefahr durch das neue Virus für die Gesundheit, so der Minister auf Grundlage von Einschätzungen des RKI, bleibe weiterhin gering. Und noch Ende Februar hieß es auf der Homepage der *Tagesschau*: »Man könne nicht ›das gesamte öffentliche Leben in Deutschland, Europa und der Welt beenden‹, so der

Minister, zumal die Lage in China und Italien zeige, dass es ›das Infektionsgeschehen nicht beendet‹, wenn man ganze Orte abriegele.« Wenige Wochen später ist genau das in Deutschland, Europa und weiten Teilen der Welt geschehen, um die Welle der Neuinfektionen zu brechen.

Es wäre ein Leichtes, der Politik und den sie beratenden Expertinnen und Experten in diesen frühen Tagen Leichtsinnigkeit oder Inkonsistenz vorzuwerfen. Aber das wäre der Außergewöhnlichkeit der Situation und ihrer anfänglichen Undurchdringlichkeit nicht gerecht geworden. Schließlich handelte es sich um ein Infektionsgeschehen, das zumindest in unserer Zeit in Ausmaß und Geschwindigkeit ohne Beispiel war. Natürlich wissen wir, wie nahe die einzelnen Regionen der Welt einander gerückt sind, wie sehr die Distanzen zwischen den Kontinenten heutzutage keine Rolle mehr spielen. Und doch ist es etwas anderes, über solches Wissen abstrakt zu verfügen oder aber es konkret anhand einer lebensbedrohlichen Krankheit vor Augen geführt zu bekommen.

Gleiches gilt für die exponentielle Entwicklung, die sich einstellt, wenn ein Infizierter das Virus an mehrere Mitmenschen weitergibt. Hier kann mit einem Husten eine Lawine ins Rollen gebracht werden, deren Ausmaß man zwar errechnen, aber keinesfalls intuitiv erfassen kann. Unser Denken ist auf lineare Entwicklungen geeicht. Das ist der Maßstab, den wir zugrunde legen, wenn wir künftige Entwicklungen abschätzen und prognostizieren.

Und auch die vielen Analogieschlüsse zur normalen Grippe, zur SARS-Epidemie von 2003 oder zu den wieder steigenden Maserninfektionen waren eher hilflose Versuche, gesichertes Wissen auf eine ungesicherte Situation zu übertragen. Wenn das Geschehen global vernetzt ist und sich exponentiell entwickelt, dann können solche Spekulationen schnell problematisch werden. Denn schon minimale Veränderungen bei der Beurteilung der Ausgangslage können zu enormen Veränderungen bei den längerfristigen Rückschlüssen führen.

Es wird eine Aufgabe der medizinischen Forschung sein, Analyseraster zu entwickeln, die künftig schnellere und verlässlichere Prognosen ermöglichen. Aber dass wir zu Beginn einer neuen Bedrohung noch nicht genug über ihre Entwicklung und Auswirkung wissen können, ist keine hinreichende Erklärung für die rückblickend merkwürdige Entspanntheit, die zunächst in Deutschland herrschte. Diese ist vielmehr zurückzuführen auf ein nach wie vor mangelndes Bewusstsein dafür, wie eng unser Leben und Arbeiten auf der Erde mittlerweile verflochten ist.

Ganz offensichtlich fehlt uns nicht nur ein Gespür dafür, was in anderen Erdteilen geschieht, sondern wir fühlen uns von den dortigen Entwicklungen auch weitgehend unberührt und damit unverletzlich. Die Sorglosigkeit der Anfangstage war nicht zuletzt das Resultat der Überheblichkeit einer saturierten Gesellschaft, die stolz ist auf ihr gut entwickeltes Gesundheitssystem und die glaubt, immun zu sein gegenüber einer Gesundheitskatastrophe, die irgendwo am anderen Ende der Welt ausbricht.

DIE ANGST VOR DEM KONTROLLVERLUST

Wer auf die Zeit zurückblickt, in der das Virus vermeintlich weit weg in Asien oder – schon näher gerückt – in Norditalien wütete, der stößt auf viele Aussagen, die die Leistungsfähigkeit unserer Infrastrukturen und unserer gesundheitlichen Maßnahmen preisen. Dahinter war nicht selten die Annahme zu spüren, dass solche Pandemien zwar anderen passieren können, aber doch nicht einem so modernen und so hochtechnisierten Land wie Deutschland. Offensichtlich war der Glaube an die eigene Unverletzlichkeit bei uns ganz besonders ausgeprägt.

Wer den hiesigen Verlauf der Epidemie mit dem an anderen Orten der Welt vergleicht, stellt fest, dass eine solche Betrachtungsweise nicht ganz unbegründet ist: In Deutschland wurde früh viel getestet, die Sterblichkeitsraten waren durchweg vergleichsweise niedrig und die Belastungskapazitäten des Gesundheitswesens nicht ausgeschöpft. Im Rahmen möglicher Vorsorgebemühungen ist also vieles richtig gemacht worden, selbst wenn man sich zwischenzeitlich wundern musste, dass auf einmal die Verfügbarkeit eines eigentlich preiswerten Artikels wie Schutzmasken zum Problem werden konnte und alle bang auf die nächsten Tage schauten, ob noch ausreichend

FPP2- und FPP3-Masken in Krankenhäusern und Pflegeeinrichtungen vorhanden waren. Abgesehen von solchen Ausnahmeerscheinungen aber blieb die objektive Stabilität der Versorgungssysteme gewährleistet.

Doch während die Gesundheitsversorgung weitgehend reibungslos weiter funktionierte, haben wir gespürt, dass unsere eigene Lebenssicherheit vielleicht nicht so stabil ist, wie wir bislang geglaubt haben. Sorgen vor einer zunehmend als unsicher empfundenen Zukunft bedrängen schon seit einiger Zeit unsere demokratische Öffentlichkeit. Wir haben uns in der Vergangenheit vielleicht nicht für unverwundbar gehalten, aber wir sind mindestens davon ausgegangen, dass uns so leicht nichts anhaben kann, dass schon einiges passieren muss, um uns aus dem Konzept zu bringen. COVID-19 und die zu seiner Eindämmung notwendigen Schritte fordern nun die Grundlagen unseres Lebensmodells frontal heraus. Wir spüren einen Kontrollverlust gleich in mehreren Dimensionen:

Unsere vielfach in einzelne, je ihren eigenen Logiken gehorchende Bereiche parzellierte Gesellschaft muss erleben, dass ihr bislang beinahe reibungslos wirkendes Funktionieren fundamental infrage gestellt werden kann. Plötzlich spannt sich eine existenzielle Frage von Leben und Tod auf, die alle anderen eher funktionalistischen Erwägungen an den Rand drängt. Plötzlich kann man selbst im wirtschaftlichen Bereich nicht mehr einfach entlang der Logik von Geld und Profit entscheiden, sondern muss feststellen, dass es Fragen gibt, die von solch grundsätzlicher Natur sind, dass sie alle anderen Erwägungen zurückdrängen. In der Folge dieser Erfahrung werden plötzlich Eingriffe möglich, die noch wenige Wochen zuvor undenkbar gewesen wären.

Die Wucht, mit der diese eigentlich sehr alte, aber für unsere Gesellschaft ungewohnte Logik des Überlebens in den Alltag beinahe aller sozialen Systeme hereingebrochen ist, kennt im Lebenszeitraum der meisten Bürgerinnen und Bürger keine Präzedenz. Selbst die vorangegangenen Schocks – der Terroranschlag vom 11. September 2001 oder der Zusammenbruch der internationalen Finanzmärkte in den Jahren 2008/2009 – hatten nicht die gleichen Breiten- und Tiefenwirkungen. Ihre Folgen waren für viele allenfalls mittelbar im Alltag spürbar. Die Konfrontation mit einem leicht übertragbaren und potenziell tödlichen Virus hingegen lässt sich auch im persönlichen Bewusstsein nicht so einfach zur Seite schieben.

Insofern dominierte sehr schnell das Gefühl, einer Gefahr gegenüberzustehen, die nicht zu den gewohnten Routinen passte und die insofern mit Alltagsintuition auch nicht verstehbar war. Auf einmal war sie da, die große, allumfassende Disruption, die wir seit vielen Jahren vor allem von technischen oder ökonomischen Umwälzungen erwartet hatten. Doch es waren weder digitale Technologien noch globale Vernetzung, die unsere Alltagsroutinen auf den Kopf stellten, sondern ein neuartiges Virus und unsere Versuche, mit dieser Bedrohung umzugehen.

Binnen weniger Tage haben die allermeisten Bürgerinnen und Bürger, wie Bundespräsident Frank-Walter Steinmeier in seiner Osteransprache anmerkte, wesentliche Aspekte ihres Lebens verändert. Die dem zugrunde liegende solidarische Kraft in unserer Gesellschaft ist bemerkenswert gewesen. Aber die alles umspannende Herausforderung hat keinesfalls dafür gesorgt, dass sich auch die jeweils spezifischen sozialen oder ökonomischen Umstände anglichen. Persönliche und berufliche Lebenssituationen prägen, wie es sich mit einem partiellen Shutdown umgehen lässt. Und natürlich sind die Auswirkungen der wirtschaftlichen Vollbremsung in einigen Branchen besser zu ertragen als in anderen, wie zum Beispiel den kulturellen und medialen Bereichen, die auf jene Vorstellung gesellschaftlicher Öffentlichkeit gegründet sind, die wir zur Bekämpfung der Virusverbreitung in dieser Zeit nicht zulassen durften.

Es stimmt also nur eingeschränkt, dass das Virus ein großer Gleichmacher ist. Es stellt eine Gesellschaft in ihrer ganzen unübersichtlichen Komplexität vor dieselbe Herausforderung. Aber es verändert damit weder die Verteilung der Ressourcen, die es braucht, um der Herausforderung zu begegnen, noch die jeweiligen, sehr unterschiedlich zu tragenden Lasten.

Deshalb ist die Frage des gesellschaftlichen Umgangs mit dieser Herausforderung so entscheidend. Auch der Bundespräsident hat darauf in seiner Ansprache verwiesen und die Wegscheide beschrieben, an der wir gesellschaftlich schon länger stehen: »Schon in der Krise zeigen sich die beiden Richtungen, die wir nehmen können. Entweder jeder für sich, Ellbogen raus, hamstern und die eigenen Schäfchen ins Trockene bringen? Oder bleibt das neu erwachte Engagement für den anderen, für die Gesellschaft? Bleibt die geradezu explodierende Kreativität und Hilfsbereitschaft? Bleiben wir mit dem älteren Nachbarn, dem wir beim Einkauf geholfen haben, in Kontakt? Schenken wir der Kassiererin und dem Paketboten auch weiterhin die Wertschätzung, die sie verdienen? Mehr noch: Erinnern wir uns auch nach der Krise noch, was unverzichtbare Arbeit – in der Pflege, in der Versorgung, in den sozialen Berufen, in Kitas und Schulen –, was sie uns wirklich wert sein muss? Und helfen die, die es wirtschaftlich gut durch die Krise schaffen, denen wieder auf die Beine, die besonders hart gefallen sind?«

Vielfach ist zu Recht die enorme gesellschaftliche Solidarität herausgestrichen worden, zu der wir als Gesellschaft fähig sein können. Es wird eine der entscheidenden Aufgaben für die Zukunft sein, dieses Bewusstsein dafür, dass wir aufeinander bezogen sind und aufeinander achtgeben müssen, zu bewahren. Solidarität ist nicht nur eine Strategie des Überlebens in der Krise, sondern die Grundlage des Gemeinsinns unserer Gesellschaft.

Die vielfache praktische Solidarität im Kleinen, mit der wir versuchten, wenigstens im nahen Umfeld die Kontrolle nicht zu verlieren, korrespondierte mit einer Einschränkung gesellschaftlicher und individueller Freiheiten, die lange Zeit kaum vorstellbar war. Das Ausmaß, in dem wir im Frühjahr 2020 unser gewohntes Leben beschränken mussten, ist für eine moderne Demokratie eigentlich unvorstellbar. Doch weitgehend problemlos wurden Anordnungen und Verfügungen akzeptiert, die wir noch vor kurzem als gezielte Anschläge auf unsere freiheitliche Gesellschaft verurteilt hätten. Dass diese Akzeptanz möglich war, lag an der tiefgreifenden und alles andere überlagernden Angst vor den dramatischen Folgen des Coronavirus.

In der Öffentlichkeit hat die notwendige Aufklärung über die Situation und das in ihr angemessene Handeln bereits vorhandene Sorgen noch verstärkt. Die Dringlichkeit dieser Kommunikation hat mit dazu beigetragen, dass kritische Stimmen zu Beginn der öffentlichen Einschränkungen kaum zu vernehmen waren. Als Signal der Bedrohung begründeten sich die Einschränkungen quasi wie von selbst. Der Leiter der Abteilung Systemimmunologie am Helmholtz-Zentrum für Infektionsforschung in Braunschweig, Michael Meyer-Hermann, hatte am 8. April 2020 in einer Pressemeldung seines Zentrums auf diesen Zusammenhang hingewiesen: »Wir brauchten die offiziell verordneten Einschränkungen, um die Aufmerksamkeit der Menschen auf die Gefahr durch die Epidemie zu lenken.« Das heißt, neben der unmittelbaren epidemiologischen Funktion sollten die Einschränkungen des öffentlichen Lebens offensichtlich auch pädagogisch wirken. Weil sie so drastisch waren, dass ihnen niemand entgehen konnte, haben sie nicht nur eine unmittelbare Wirkung entfaltet, sondern verdeutlichten darüber hinaus auch die nötige Dringlichkeit.

Ob allein durch das Virus oder auch durch die gesellschaftliche Reaktion auf seine Ausbreitung – bei vielen sitzt der Schock, dass die Unangreifbarkeit der eigenen Existenz durch ein neues Virus so leicht zu erschüttern ist, bis heute tief. Die narzisstische Kränkung, eben doch verletzlich zu sein, schmerzt. Das Coronavirus hat uns vor Augen geführt, wie fragil unser Leben ist.

An Bilder von Leid und Schrecken irgendwo auf der Welt haben wir uns gewöhnt, ebenso an die lakonisch-fatalistische Feststellung, dass es in der Regel menschengemachte Kriege oder Katastrophen sind, die dieses Leid verursachen und die nicht nötig wären, wenn nur alle so vernünftig wären, wie wir selbst. Wir sind zu Weltmeistern der Verdrängung unserer eigenen Verantwortung für die globalen Verwerfungen geworden, die diesen humanen Katastrophen oftmals zugrunde liegen. Wir wollen die strukturellen Gründe globaler Ungleichheit nicht erkennen, sondern appellieren lieber moralisch und entlasten unser Gewissen mit kleinen Spenden zur Weihnachtszeit.

Doch die Bilder aus den Epizentren der Pandemie waren anders. Das schreckliche Sterben in Italien, Spanien oder den USA forderte nicht nur unser Mitgefühl, sondern ließ auch in einer ungekannten Unmittelbarkeit die bange Frage aufsteigen, ob auch wir vor einer solchen Entwicklung stehen und ob auch in Deutschland Ärzte auf den Intensivstationen entscheiden müssen, wem sie die lebensrettende maschinelle Unterstützung zukommen lassen können und wem nicht. Die Geschichten ließen uns erkennen, wie wenig wir unser eigenes Überleben in der Hand haben, wenn wir nicht bereits langfristig vorgesorgt und Hilfskapazitäten geschaffen haben.

In solchen Momenten wird Angst zu einem bestimmenden Aspekt der öffentlichen und auch der privaten Meinungsbildung. Die Bilder und Erzählungen aus den am schlimmsten betroffenen Regionen Europas ließen sich nicht einfach beiseitedrängen. Sie waren allgegenwärtig, und sie wurden vor allem in den sozialen Medien noch zugespitzt durch die Mutmaßungen und Spekulationen all jener Hobby-Virologen, die in den Tagen und Wochen zuvor ihren Abschluss im Fernstudium an der weltweiten Google-Universität gemacht hatten und sich nun berufen fühlten, komplexe wissenschaftliche Studien zu lesen und zu interpretieren.

Gerade in Krisen kristallisiert sich der Wunsch nach belastbarem wissenschaftlichem Wissen als eines der zentralen gesellschaftlichen Bedürfnisse heraus. Den Virologen und Epidemiologen wurde besonders in den ersten Monaten der Pandemie zugetraut, das Orientierungswissen zu liefern, das die bleierne Ungewissheit über die Zukunft beseitigen sollte. Mediziner wie Christian Drosten, der Leiter der Virologie an der Berliner Universitätsklinik Charité, avancierten über Nacht zu Medienstars und gefragten Interviewpartnern, weil sie das vermeintlich Unerklärliche in Worte fassen und begreifbar machen konnten.

Allerdings erging es ihnen wie den meisten Wissenschaftlern, die mit ihren fachlichen Positionen ins grelle Licht der Öffentlichkeit geraten. Sie unterschätzten die Eigenlogik medialer Berichterstattung: Vorsichtige Hypothesen verfestigen sich unter ihrem Einfluss zu faktischen Aussagen, methodische Dispute werden zu fundamentalen Wertungsunterschieden, und freies Räsonieren über unterschiedliche Betrachtungsweisen führt zu allgemeiner Verunsicherung. Vor allem aber: Der Glaube an eine wissenschaftlich abgesicherte Eindeutigkeit der Erkenntnis muss enttäuscht werden.

Die Diskussion wissenschaftlicher Erkenntnisse in der Öffentlichkeit birgt zwei Gefahren: Entweder werden die Aussagen der Wissenschaftlerinnen und Wissenschaftler für bare Münze genommen, obwohl es sich in der Regel zunächst um Hypothesen handelt, die auf schmaler Datenbasis generiert wurden und der breiteren empirischen Überprüfung bedürfen. Oder aber sie werden, angesichts der methodischen Vorsichtshinweise, gleich von vornherein derart relativiert, dass sie als wenig hilfreich beiseitegelegt werden.

Egal welcher Mechanismus greift – der Wunsch nach der einen, Sicherheit verbreitenden, Erkenntnis bleibt unerfüllt. Dabei sind die Widersprüche zwischen den verschiedenen Annahmen der Experten notwendige Zwischenschritte im Prozess der Erkenntnis. Aber sie brechen sich an dem gesellschaftlichen Bedürfnis nach eindeutigen Antworten in einer Zeit voller Fragen. Für den fachlichen Laien ist diese Unsicherheit wissenschaftlichen Wissens schwer auszuhalten.

Auch wenn es bisweilen den Anschein hatte: Wissenschaftliche Beratung kann gesellschaftlichen Diskurs und politische Willensbildung nicht ersetzen. Eigentlich ist seit den großen Auseinandersetzungen zwischen Sozial-, Geistes- und Naturwissenschaften in den sechziger und siebziger Jahren klar: Es gibt kein aus sich selbst heraus wahres oder richtiges Wissen. Es gibt lediglich noch nicht widerlegte Annahmen oder gemeinschaftlich als wahr unterstellte Überlegungen. Doch augenscheinlich ist auch in der Politik der Wunsch nach einem als wahr zu unterstellendem Wissen immer noch so groß, dass die Selbstbeschränkung auf eine Wahrnehmung der Studien als *eine* mögliche Interpretation der Wirklichkeit nach wie vor schwerfällt. Und manches Medium will dazu anscheinend gleich gar nicht in der

Lage sein, wie die Auseinandersetzung der *Bild*-Zeitung mit der Vorabversion einer noch nicht abgeschlossenen Studie von Christian Drosten im Mai verdeutlicht hat.

Das mangelnde Verständnis für wissenschaftliches Arbeiten führt dazu, dass Wissenschaftlerinnen und Wissenschaftlern Widersprüchlichkeit oder Zerstrittenheit unterstellt werden, wo es doch bloß um den üblichen und notwendigen Disput zwischen verschiedenen Ansichten ein und desselben Faches geht. Auch diese im Verlauf der Krise wachsende Ernüchterung über die Prognosefähigkeit der medizinischen Wissenschaft hat zum Gefühl eines weitreichenden Kontrollverlustes beigetragen. Wenn selbst die Ärztinnen und Ärzte, denen man die Gestaltung der Geschicke unserer Gesellschaft in dieser Ausnahmesituation noch zugetraut hatte, zugeben müssen, dass sie auch nur Modelle und Annahmen liefern können, dann mindern sie weder Unsicherheiten noch Zukunftsängste.

Ihr Diskurs führt vielmehr vor Augen, dass sich selbst im Angesicht einer Katastrophe, die alle Differenzierungen unseres Wissens einebnet, die eine Perspektive menschlicher Erkenntnis als Antwort darauf nicht herauskristallisieren wird. Vielmehr braucht es die Vielfalt unseres Wissens und unserer jeweiligen Perspektiven, um dieser fundamentalen Herausforderung Herr zu werden.

Leider ist das Bewusstsein für diese Anstrengung bis heute nicht so weitreichend ausgeprägt, wie es sinnvoll wäre. Nicht wenige haben zum Höhepunkt der Infektionswelle darauf beharrt, dass es aufgrund der Unmittelbarkeit der Krise eine dominante Perspektive geben müsse und dass der Diskurs und das ruhige Abwägen unterschiedlicher Interessen und Positionen der Dynamik der Lage nicht gerecht werden könnten.

Als es unmittelbar und direkt ums eigene Überleben ging, schienen nicht wenige bereit zu sein, auf liebgewonnene und notwendige Freiheiten weitgehend umstandslos zu verzichten und sich dem vermeintlich Alternativlosen zu beugen – und zwar unabhängig davon, ob diese alternativlos richtige Antwort überhaupt formuliert werden konnte. Umgekehrt konnten wir diese Eindimensionalität auch erleben, als es um die Konzepte zur Wiedereröffnung des wirtschaftlichen und kulturellen Lebens ging.

Die Aufgeklärtheit unserer Demokratie wird sich daher in Zukunft auch im politischen Umgang mit den Ängsten vor dem Verlust der Kontrolle über das eigene Leben und dem daraus folgenden Streben nach Eindeutigkeit beweisen müssen.

DIE FREIWILLIGE UNTERWERFUNG

Die Angst, die Kontrolle über das eigene Leben zu verlieren, führt nicht nur zu einer Rückbesinnung auf die solidarische Gemeinschaft, sondern leider nicht selten auch zu Rufen nach der harten Hand, die die unübersichtlichen Verhältnisse ordnen möge. In einem Interview mit dem Nachrichtenmagazin *Der Spiegel* vom 28. März 2020 sagte der bayrische Ministerpräsident Markus Söder dazu: »Aber in der Krise wird oft nach dem Vater gefragt.« Wenn eine Herausforderung auftritt, die alle sonst übliche Komplexität in einer großen Frage auflöst, dann kann die Suche nach einer verlässlichen Antwort im Ruf nach einer stark wirkenden Führungsfigur münden.

Der Verlust der Gewissheit, die eigenen Verhältnisse im Griff zu haben, kann dazu führen, dass man sich auf die Suche nach jemandem begibt, der diese Ordnung wiederherstellt und das gebotene Handeln erzwingt. Insbesondere zu Beginn des pandemischen Geschehens in Deutschland waren derartige Reaktionen zu beobachten. Da einige früher vom Coronavirus betroffene Staaten bereits mit rigiden Beschränkungen des öffentlichen und privaten Lebens reagiert hatten, schwoll der Chor jener an, die Vergleichbares auch für unsere Gesellschaft verlangten.

Die Strategie der »sozialen Distanzierung«, mit der die zur Übertragung des Virus notwendige Nähe unterbunden werden sollte, war zu diesem Zeitpunkt bereits als Kernantwort auf die epidemiologische Herausforderung auserkoren worden. Noch aber gab es unterschiedliche Auffassungen, wie weit man diese Distanz erzwingen müsste oder inwiefern sie sich aus wohlverstandenem Eigeninteresse von selbst einstellen würde.

Es ist rückblickend bemerkenswert, mit welcher Gelassenheit und Vernunft viele in unserer Gesellschaft auf die neue Situation reagiert haben. Binnen weniger Tage sind viele Routinen des Alltagslebens umgestellt worden, weil einsichtig vermittelt werden konnte, dass es jetzt solch drastischer Schritte bedürfe, um das Infektionsgeschehen einzudämmen. Davon, die Krankheit zu besiegen, sprach schon längst keiner mehr.

Und doch blieb es nicht bei dieser Gelassenheit. Einigen konnte es nicht schnell und nicht drastisch genug gehen. Nicht wenige Bürgerinnen und Bürger forderten vor allem in den sozialen Netzwerken geradezu aggressiv die Einschränkung ihrer Freiheitsrechte und das Ausrufen einer Ausgangssperre. In einer panischen Generalisierung ihres eigenen im Kern vernünftigen »Social Distancing« riefen sie nach dem starken Staat, der die vermeintlich Unvernünftigen, die aus vielerlei Gründen noch nicht den ganzen Tag im Homeoffice oder in selbst gewählter Quarantäne verbrachten, mit harter Hand ebenfalls zur Räson bringen sollte.

»Gerade das, was wir im Alltag als Vernunft betrachten, hängt viel öfter von der jeweiligen Position der Sprechenden ab, als man wahrhaben möchte. Hinter dem schreienden Vernunftappell kann sich so viel mehr verbergen: Selbstgerechtigkeit, Angstlust oder schiere Missgunst«, schrieb Sascha Lobo in seiner Kolumne für *Spiegel.de* am 18. März 2020. »Wenn ich freiwillig nicht mehr rausgehe, sollen es die anderen gefälligst auch nicht tun! Außer natürlich zur Arbeit, denn die ist viel wichtiger als etwa die psychische Gesundheit. Die Verkäuferin im Einzelhandel hat gefälligst acht Stunden unterbezahlt an der Kasse zu sitzen und sich von barschen Kunden anhusten zu lassen – aber mit ihrem Kind eine halbe Stunde im Park zu verbringen, damit sie nicht durchdreht, das ist unverantwortlich! Ruft man ihr mit dem Lieferprosecco in der Hand in der Netflix-Pause vom Balkon aus zu, Hashtag #staythefuckhome.«

Das gekränkte Selbstbewusstsein der ehemals sich besonders unverletzlich Wähnenden drang aus jeder Pore dieser gesellschaftlichen Konflikte. Befallen von einer solchen »Vernunftpanik«, wie sie Sascha Lobo treffend genannt hat, verloren vor allem in den urbanen Mittelschichtmilieus einige nicht nur jedes Maß, sondern offensichtlich auch die Empathie für die sozial weniger Privilegierten, deren Leben sich nicht im Homeoffice einer Fünf-Zimmer-Wohnung ohne größere Schwierigkeiten »entschleunigen« konnte.

Man konnte in diesen Momenten förmlich sehen, wie es manchen Politiker juckte, die Chance zur Selbstinszenierung als harter, die Vernunft bedingungslos durchsetzender Macher zu ergreifen. Die Hoffnung, sich selbst in Helmut-Schmidt-Pose präsentieren zu können, der als

Hamburger Innensenator während der Flutkatastrophe von 1962 kurzerhand die Bundeswehr befehligte, war nur allzu spürbar. Unklar blieb allerdings, ob der Drang nach möglichst extremen Maßnahmen ausschließlich der eigenen Profilierung geschuldet war oder ob dahinter vielleicht auch die Angst steckte, später mit dem Vorwurf konfrontiert zu werden, nicht schnell und entschlossen genug gehandelt zu haben.

Denn auch die Politik war in diesen Tagen hin- und hergerissen zwischen jenen, denen es nicht schnell genug gehen konnte mit den Einschränkungen des öffentlichen Lebens, und jenen, die für koordiniertes und abgestimmtes Handeln plädierten. Meistens ging es dabei nur um einige Stunden oder Tage Differenz – aber zwischen den einzelnen Ländern entstand ein unguter Wettbewerb darum, wer zum Schutz der Bevölkerung die drastischeren Opfer anzukündigen und zu verlangen wagte. Insbesondere Markus Söder achtete sorgfältig darauf, möglichst als Erster neue Einschränkungen zu verkünden und so den Eindruck zu erwecken, er ginge besonders beherzt voran, damit die anderen seinem Beispiel folgen könnten.

Meist lagen den politischen Entscheidungen veränderte Experteneinschätzungen zu den notwendigen nächsten Schritten zugrunde. Die Ministerpräsidentinnen und -präsidenten betonten immer wieder, dass die Experten die Richtung und den Takt vorgäben und es die Aufgabe der Politik sei, die Ratschläge dann auch entsprechend umzusetzen. So kam es Mitte März zu der Entscheidung, die Schulen zu schließen – ein Schritt, von dem die die Politik beratenden Experten des RKI und der Universitätskliniken noch kurz zuvor abgeraten hatten, weil sie fürchteten, dass dann dringend benötigtes medizinisches und pflegerisches Personal aufgrund der fehlenden Kinderbetreuung ausfallen würde.

Doch auch wenn es immer wieder Situationen gab, in denen Einzelne versuchten, entschiedener und entschlossener zu wirken als andere, blieben die meisten politischen Entscheidungen auf dem Weg zum partiellen Shutdown doch in einem gemeinsam vereinbarten Korridor. Größere politische Überbietungshandlungen blieben die Ausnahme. Das Gleiche gilt für dramatisierende rhetorische Ausreißer. Es ist ein bemerkenswertes Zeichen, dass sich die deutsche Politik zum Beispiel jeder Kriegsrhetorik in der Auseinandersetzung mit dem Virus weitgehend enthalten hat. Während in Italien, Frankreich, Österreich und den USA regelmäßig militärische Metaphern bemüht wurden und Ungarn gar Teile seiner demokratischen Verfassung außer Kraft gesetzt hat, bemühte sich die hiesige Politik fortgesetzt darum, Bürgerinnen und Bürger als eigenverantwortliche und vernünftige Menschen anzusprechen.

Am deutlichsten formulierte es Frank-Walter Steinmeier in seiner bereits erwähnten Osteransprache: »Nein, diese Pandemie ist kein Krieg. Nationen stehen nicht gegen Nationen, Soldaten nicht gegen Soldaten. Sondern sie ist eine Prüfung unserer Menschlichkeit. Sie ruft das Schlechteste und das Beste in den Menschen hervor. Zeigen wir einander doch das Beste in uns!« Diese Differenzierung ist bedeutsam, schützt sie uns doch davor, im Angesicht des existenziellen Schocks vernunftpanisch gleich alle Voraussetzungen für eine rationale Bewältigung der aktuellen Herausforderung dranzugeben.

Der Unterschied zwischen einer Kontaktbeschränkung und einer Ausgangssperre zum Beispiel mag in der Praxis oft nur ein theoretischer sein, in der Logik der Begründung aber wird damit der öffentliche Raum als gesellschaftliche Sphäre deutlich weniger beschädigt. Bürgerinnen und Bürger dürfen sich weiterhin frei bewegen, wenn sie darauf achten, dass sie jenen Abstand einhalten, der notwendig ist, um Infektionsrisiken zu minimieren.

Diese Präzision im Hinblick auf die staatlichen Maßnahmen zur Eindämmung des Virus ist wichtig – und sie muss auch in allen anderen relevanten politischen Fragen leitend sein. Das gilt für die Debatte über das Handy-Tracking von positiv Getesteten ebenso wie für die Kontrollphantasien, die hinter Debatten über Bußgelder für Fake-News stehen. Wer ohne sorgfältige Erörterung die informationelle Selbstbestimmung oder aber den freien öffentlichen Diskurs einschränken will, der verändert nicht nur kurzfristig die Spielregeln unserer Demokratie, sondern überreizt das staatliche Mandat zum Schutz der Bevölkerung.

Wir müssen auf die Einsicht der Bevölkerung setzen und eben nicht auf eine staatlich gewaltsam durchgesetzte Ultima Ratio. Bürgerrechte entfalten ihren Sinn gerade in der Krise. Kurzfristige Nützlichkeitserwägungen dürfen nicht dazu führen, dass wichtige bürgerliche Freiheiten beseitigt werden. Wer Bürger per Handy orten will, weil sie als Infizierte gefährlich für die Allgemeinheit sind, der hält in der Durchsetzung dieser Idee vielleicht nicht bei der Bekämpfung einer Pandemie inne, sondern entwickelt weitergehende Phantasien, die an jene technologisch hochgerüsteten Kontrollstaaten denken lassen, die wir bislang nur aus dystopischen Science-Fiction-Filmen kennen. Es ist gut, dass wir in Deutschland die Sorgfalt haben walten lassen, die zu einer maßvollen Corona-Warn-App geführt hat, der auch jeder skeptische Datenschützer unumwunden zustimmen kann, weil sie eben nicht auf zentrale Strukturen, sondern auf dezentrale Speicherung und auf Eigenverantwortung setzt.

Es geht also darum, die Freiheit unserer Gesellschaft zu bewahren. Nur wenn uns das gelingt, sind vorübergehend notwendige Einschränkungen auszuhalten. Wenn es gelingt, das Bewusstsein für den Verzicht zu sichern, dann besteht die Hoffnung, dass eine neue Sensibilität wächst – für den Wert und die Bedeutung all jener Orte und Angebote, die es uns ermöglichen, in Freiheit und Offenheit und Vielfalt miteinander zu leben.

Nach der unmittelbaren Angst um die Gesundheit und der Sorge um die wirtschaftlichen Folgen der gesellschaftlichen Vollbremsung wurden deshalb zu Recht die Stimmen lauter, die fragten, welche Auswirkungen die Beschränkungen zur Bekämpfung der Coronapandemie auf unsere Demokratie haben werden. Die Debatte darüber kann uns helfen, die Grundlagen unseres Gemeinwesens besser zu verstehen. Frank Biess propagiert schon 2019 in seinem lesenswerten Buch *Republik der Angst. Eine andere Geschichte der Bundesrepublik* »die Kultivierung demokratischer Ängste«. Gerade die Sorge um die freiheitliche Demokratie könne, so der Historiker, eine Ressource zu ihrer Sicherung sein. Wir sollten uns gut überlegen, »wovor wir uns ängstigen wollen. Denn diese Ängste könnten in der Tat die Zukunft verhindern, die sie imaginieren.« Wenn die Angst vor der Krankheit anfängt, mit anderen Ängsten in Konflikt zu geraten, endet die Zeit der freiwilligen Unterwerfung. Dann beginnt die offene und kontroverse Debatte über die Gesellschaft, in der wir nach der Pandemie leben wollen.

DER NACHHALL:
NOTWENDIGE DISKUSSIONEN

Der demokratische und liberale Geist unseres Gemeinwesens ist nirgendwo so unmittelbar zu spüren, wie an öffentlichen gesellschaftlichen und kulturellen Orten. Ohne diese Räume sind moderne, aufgeklärte Gesellschaften nicht denkbar, erst sie ermöglichen die Gemeinschaft, in der wir zu uns selbst finden. Doch genau diese Orte wurden im Frühjahr 2020 geschlossen, um die Welle der Neuansteckungen mit dem Coronavirus zu brechen. Das fühlte sich schon im Moment der Entscheidung so falsch an und war dennoch richtig, um der akuten Bedrohung von Leib und Leben wirksam etwas entgegensetzen zu können.

Diese Dialektik lässt vermuten, dass es auch im Leben mit dem Virus keine Eindeutigkeiten geben wird, sondern dass wir mit Widersprüchen und Ambiguitäten leben, bisherige Annahmen überdenken und Konzepte unseres Zusammenlebens neu begründen müssen. Und zwar nicht nur bis zur Verfügbarkeit eines Impfstoffes, sondern vermutlich weit darüber hinaus. Es ist mehr als absehbar, dass wir nicht einfach zum Status quo ante werden zurückkehren können.

Wir werden unsere Welt nach den Erfahrungen dieser Wochen und Monate anders betrachten. Wir werden Prioritäten neu bewerten und sicherlich auch zu anderen Entscheidungen gelangen. Der Historiker Yuval Noah Harari hat in der *Financial Times* bereits am 20. März 2020 darauf hingewiesen, dass globale Krisen oft Veränderungen mit sich bringen, für die es unter normalen Umständen Jahrzehnte brauchen würde, die nun aber aufgrund der Außergewöhnlichkeit der Lage einfach geschehen, weil das Gewohnte nicht mehr lebbar und der Drang zur plausiblen Alternative unmittelbar scheint.

Wir erleben das beispielhaft bereits seit Beginn der Pandemie in den kleinen und kleinteiligen Strukturen unserer öffentlichen Kultur. In Reaktion auf die Einschränkungen des öffentlichen Lebens schossen überall im Netz digitale Angebote wie Pilze aus dem Boden. DJs legten virtuell auf, Museen zeigten ihre Ausstellungen online, Theater und Opernhäuser streamten Aufführungen, Igor Levit spielte auf Twitter, Theaterschulen stellten Clips ihrer Schülerinnen und Schüler ins Netz – die Liste ließe sich endlos fortsetzen. Der Hashtag #culturedoesntstop wurde zum Programm. Die Kraft dieser Kreativität bereits während der Anfangsphase des Shutdowns ließ erahnen, was möglich sein kann – auch aus freien Stücken und nicht bloß als verzweifelt trotzige Alternative zum zwischenzeitlich nicht Realisierbaren. Hätte es noch eines Belegs bedurft, dass Kunst und Kultur unabdingbar notwendig sind – diese zahlreichen Initiativen haben ihn geliefert. Aber sie haben auch neue Fragen aufgeworfen – nach unserer Verantwortung für die Möglichkeiten des öffentlichen kulturellen Raumes ebenso wie nach der kulturellen Grundlage der Liberalität und der Solidarität in unserer Gesellschaft.

Denn natürlich haben wir schnell den enormen Verlust an Freiheit und Gemeinschaft gespürt, den der Kampf gegen das Virus uns allen abverlangt hat. Vielleicht ist manchem dadurch klarer geworden, welche Bedeutung all jene Orte und Erlebnisse besitzen, die wir in den vergangenen Jahren häufig für ein wenig zu selbstverständlich gehalten haben. Oft wächst erst, wenn etwas weg ist, das Bewusstsein für seinen Wert. Hierin mag eine paradoxe Chance liegen: Uns kann bewusst werden, was uns ausmacht – und zwar in dem Moment, in dem wir uns selber die Möglichkeit nehmen müssen, es zu leben:

»Europa ist in den Städten entstanden. Sich zu Fuß über einen Platz zu bewegen, dort zu flanieren, zu diskutieren, zu handeln, das ist die wesentliche europäische Erfahrung, der freie politische Diskurs im Café ist eine historische Errungenschaft«, schrieb Nils Minkmar am 14. März 2020 in seinem Essay »Endlich ist nichts mehr so, wie es war« im *Spiegel*: »Der leere Markusplatz von Venedig, die leere Passage Vittorio Emanuele II in Mailand, die leeren Stadien sind Symbole: Wir sehen plötzlich besser, was es für Orte sind, frei und voller Versprechen, in denen man mehr machen kann, als Geld auszugeben und einzunehmen. Nachdenken und diskutieren, wie es jetzt weitergeht nach dem Wahnsinn, den wir für Normalität hielten.«

Dahinter steht eine berechtigte Annahme: Wenn wir die Fragen des schieren Überlebens – des Gesundheitsschutzes und der ökonomischen Absicherung – im Rahmen des Möglichen geklärt haben, dann werden genau diese grundsätzlichen Fragen nach dem Sinn unserer offenen Gesellschaft mit Macht auf uns einbrechen. Dann werden wir uns nicht mehr davor drücken können, die Verständigungsräume unserer Gesellschaft vor der Macht des Marktes zu schützen, dann werden wir uns der Frage stellen müssen, wie eine gute Gesellschaft lebbar wird.

Dass nach der Sorge um die eigene Gesundheit und um den wirtschaftlichen Wohlstand in einem dritten Schritt im Frühjahr 2020 schon bald auch die Sorge um die Zukunft unserer Demokratie aufgekeimt ist, könnte unsere Lust auf eine demokratische Debatte dauerhaft mit neuem Sinn füllen. Denn es geht nicht nur um Bedrohungsszenarien, um »klare Kante« und markige Krisenrhetorik, sondern vor allem darum, dass Bürgerinnen und Bürger im vernünftigen Gespräch miteinander das für alle Wichtige klären. Es war und ist dieses Gespräch, in dem wir zum Beispiel zu der Einsicht gelangen müssen, dass es unter den Bedingungen des Coronavirus für unser Zusammenleben vernünftig ist, Abstand zu halten. Das leistet keine technologische App-Lösung, keine gesetzliche Ermächtigung des Bundesgesundheitsministers und erst recht keine panische Generalisierung der eigenen Milieuerfahrung auf die ganze Gesellschaft.

Das wird nur gelingen, wenn wir die wechselseitige Verletzlichkeit unserer Existenz anerkennen und solidarische Lösungen gemeinsam entwickeln. Wenn wir erkennen, dass wir einander schaden können und deswegen aufeinander achtgeben müssen. Wenn wir das gesellschaftliche Miteinander weiterleben und seine kommunikativen Grundlagen nicht preisgeben. Hier sind gesellschaftliche Leidenschaft und staatliches Augenmaß, ja auch Selbstbeschränkung, gleichermaßen gefragt.

Das Tragen eines Mund-Nasen-Schutzes ist in diesem Kontext geradezu ein Sinnbild der notwendigen gesellschaftlichen Solidarität – und ein scharfer Kontrast zur bislang dominierenden Ego-Gesellschaft: Wer eine Maske trägt, schützt nicht sich, sondern andere. Erst wenn andere sie auch tragen, ist man selbst geschützt. Wir tun etwas füreinander, in der Hoffnung, dass andere unsere zunächst bedingungslose Achtsamkeit erwidern.

Der Optimismus demokratischer Politik liegt – auch in Zeiten wie den unsrigen – darin, dass wir als Bürgerinnen und Bürger einer aufgeklärten Gesellschaft erkennen, dass die Vernunft im Wortsinne zwischen uns liegt, dass wir gemeinsam vereinbaren müssen, wie wir leben wollen, was wir als wahr und richtig akzeptieren. Das kann in Online-Foren und Social-Media-Netzwerken genauso gelingen wie in den Arenen massenmedialer Berichterstattung oder in privater Kommunikation mit Freunden und Bekannten, Kolleginnen und Kollegen. Alle in unserer Gesellschaft müssen sich um diese Orte und Foren kümmern – analog, aber aktuell vor allem digital. Wir müssen sie unter den Bedingungen der Distanz mit Leben füllen.

Für unsere Debatten stehen uns Expertenmeinungen und Informationsquellen in einem historisch ungekannten Ausmaß zur Verfügung. Und es ist gut und richtig, dass wir sie nutzen. Aber wir müssen es aushalten, dass wir, wie der Soziologe Armin Nassehi am 1. April 2020 in einem Interview in den *Tagesthemen* zu Recht angemerkt hat, immer wieder auf Sätze stoßen, die wir jeweils als richtig empfinden, die einander aber fundamental widersprechen. Denn natürlich sind Kontaktbeschränkungen zur Bekämpfung der Virusverbreitung sinnvoll. Natürlich haben sie eigentlich untragbar hohe soziale, wirtschaftliche und kulturelle Kosten. Und natürlich stehen sie streng genommen zumindest in Teilen auch manchen Kerngedanken unserer demokratischen Ordnung entgegen. Alle diese Sätze stimmen, aber sie stimmen nicht zusammen. Und sie können auch nicht mit staatlicher Exekutivpolitik zusammengezwungen werden.

Es ist die Aufgabe einer demokratischen Gesellschaft, die Debatte darüber zu führen, wie der Ausgleich zwischen derartigen jeweils fundamentalen Ansprüchen gelingen kann. Wir dürfen daher der Zerstörung der Zuversicht durch Politiken der Angst nicht schweigend zusehen, sondern sollten uns daran machen, das Gespräch über den richtigen Umgang mit der aktuellen Herausforderung unseres Lebens und ihren Folgen gesellschaftlich zu führen. Erste vorsichtige Hinweise auf die anstehenden Debatten sollen im Folgenden formuliert werden.

DIE VERLETZLICHKEIT
UNSERES SEINS

Das Virus und seine pandemische Verbreitung haben uns deutlich gemacht, wie verletzlich unsere eigene Existenz ist. Die vermeintliche Gewissheit, unangreifbar zu sein, die sich in breiten Teilen der wohlhabenden Industrienationen etabliert hat, ist offensichtlich weit prekärer als bislang angenommen. Das Virus erinnert auch die Bürgerinnen und Bürger des globalen Nordens daran, dass sie nicht den alltäglichen Dingen entrückt an irgendeiner Spitze irgendeiner Entwicklung stehen, sondern dass die kleinste Mutation eines unsichtbaren Erregers auch sie unmittelbar in Bedrängnis bringen kann.

Schon vor Ausbruch des Virus gab es öffentliche Diskussionen darüber, wie wir unserer Verantwortung für den Erhalt der Lebensbedingungen auf unserem Planeten gerecht werden können. Die Klimadebatte hat den gesellschaftlichen Themenhaushalt neu sortiert. Das Bewusstsein der eigenen Verletzlichkeit durch das Coronavirus spiegelt auf vielfältige Weise das bereits gewachsene Bewusstsein für die Verletzlichkeit des Planeten. Es verdeutlicht, dass Menschen nichts dem Ökosystem ihres Lebens Äußerliches sind, sondern ein fester Bestandteil im natürlichen Zusammenhang, der Wirkung entfaltet und Wirkung spürt.

Diese Erfahrung intensiviert die Debatten über das Verhältnis zwischen der menschlichen Kultur und der Natur, zu deren Bedingungen Menschen leben. Sie zwingt uns, über die Umstände zu diskutieren, in die unser Leben eingewoben ist und ohne die wir nicht existieren könnten.

Viele Katastrophen, die wir Menschen in Geschichte und Gegenwart verschuldet haben und verschulden, haben ihre Ursache auch darin, dass wir nicht ausreichend berücksichtigt haben, dass wir auf natürliche Bedingungen angewiesen sind. Vielmehr haben wir bis zuletzt einseitig nach Macht und Kontrolle gestrebt – über Menschen, über Tiere und zunehmend über die Natur und ihre Ressourcen. Immer tiefer sind wir in den letzten Jahrzehnten mit den Mitteln der Wissenschaft in Bereiche der Natur eingedrungen, die unserer Verfügungsgewalt bis dahin entzogen geblieben sind. Die Logik technischen Wissens strebt nach einer permanenten Erweiterung dieser Möglichkeiten der Beherrschung von Umwelt und Natur. Und die Logik unseres kapitalistischen Wirtschaftens treibt das noch weiter an.

Dabei war die Epoche der Aufklärung zunächst der Beginn eines Zeitalters existenzieller Errungenschaften – der Forderung nach Vernunft, nach selbstständigem Denken, der Entwicklung der modernen Wissenschaften und vor allem der Idee der Gleichheit, Freiheit und Mitmenschlichkeit. Auch unsere heutige Zeit ist nach wie vor tief davon geprägt, dass wir unser Wissen verbreitern und vertiefen wollen. Damit einher gehen aber auch ein dominantes Besitzstreben und ein gleichsam anthropozentrischer Machtanspruch. Wir wollen nicht nur wissen und verstehen, sondern auch nutzen, profitieren und beherrschen. Auf diese *Dialektik der Aufklärung* haben Adorno und Horkheimer vor mehr als achtzig Jahren hingewiesen.

Es ist nicht ausgemacht, dass uns unser Streben nach Erkenntnis zwangsläufig in Probleme hineintreibt. Wenn wir das Erbe der Aufklärung ernst nehmen, dann müssen wir ihre Vernunftprinzipien auch auf sie selbst anwenden. Ein so verstandenes Denken strebt nach einem ökologischen und kulturellen Bewusstsein, das sich in eine ganzheitliche Vernunftbetrachtung weitet, ohne die Möglichkeiten des technischen Fortschritts zu negieren.

Auf der Grundlage eines solchen ökologischen Bewusstseins können wir den technischen Erkenntnisfortschritt auf seine sozialen und kulturellen Potenziale hin reflektieren. Es geht nicht mehr nur darum, das menschliche Denken von traditionalen und naturalistischen Annahmen zu befreien, sondern vor allem darum, die Eingewobenheit unseres Lebens in Natur und Kultur in aller Widersprüchlichkeit zu verstehen. Es geht nicht mehr um die Befreiung aus dem Naturzustand, sondern um die vernunftgeleitete, kulturelle Gestaltung nicht hintergehbarer Naturzusammenhänge.

Was passieren kann, wenn wir unser Wissen nicht vernetzen und einordnen, beschreibt die Trägerin des alternativen Nobelpreises Vandana Shiva in der filmischen Dokumentation *The Lottery of Birth*. Sie erzählt darin, wie sie Nuklearphysik studierte und darauf unglaublich stolz war. Aber als ihre Schwester, eine Ärztin, sie fragte, ob sie denn auch über die Wirkung der Strahlung auf den menschlichen Körper Bescheid wüsste, wusste sie nicht, was sie darauf antworten sollte. Die junge Wissenschaftlerin hatte die angesehenste Ausbildung genossen, aber keinen einzigen Kurs über die Gefahren der Strahlung besucht – nicht aus Mangel an Interesse, sondern weil es solche Kurse in ihrem Studium damals nicht gab.

Dieses Beispiel zeigt: Wir können die blinden Flecken unseres Wissens nicht sehen. Wir können nur ahnen, dass dort die Probleme entstehen, die uns in der Zukunft beschäftigen werden. Ohne dieses Bewusstsein aber werden wir verletzlich bleiben für unsichtbare Attacken wie die Verbreitung des neuen SARS-CoV-2-Virus. Ein umfassenderes Verständnis werden wir nur erlangen, wenn wir danach streben, diese nicht sichtbaren Bereiche unseres eigenen Wissens durch Zusammenarbeit und Perspektivenwechsel zu verkleinern. Denn jeder von uns sieht etwas anderes nicht. Erst wenn wir aus der Spezialisierung ausbrechen, erkennen wir das gesellschaftlich Wichtige.

Noch aber wählen wir allzu oft nach dem Prinzip der Nützlichkeit aus. Wir wählen aus, um Komplexität zu reduzieren, und diese Auswahl hat – wenn wir nicht aufpassen – zur Folge, dass wir unsere Perspektive für die einzig mögliche und richtige halten. Um dem entgegenzuwirken, ist der gegenseitige Austausch so wichtig. Denn natürlich ist eine revolutionäre Wirkung in den Gedanken der Aufklärung angelegt, die es auf Dauer nicht verträgt, in bornierte Einzelperspektiven zerlegt zu werden oder nur einigen zur Verfügung zu stehen. Diesen universellen Kern aufklärerischen Denkens gilt es heute wieder freizulegen. Gerade Wissenschaft, Medien und Kultur können uns diese Bezüge auf das Allgemeine verdeutlichen.

Das Virus hat diese verallgemeinernde Perspektive plötzlich ins Zentrum der gesellschaftlichen Debatte gerückt. Wenn der Homo sapiens weniger anfällig für Verletzungen sein will, dann muss er es schaffen, sich seiner Umwelt gegenüber zu öffnen, und ihr mitfühlend begegnen. Diese Offenheit macht ihn nämlich nicht verwundbarer, sondern lässt ihn vor allem Gefahren schneller erkennen.

Leider ging die Tendenz in den letzten Jahrzehnten in die entgegengesetzte Richtung. In dem Dokumentarfilm *Erde* von Nikolaus Geyrhalter über die Vehemenz der Umgestaltung des Planeten durch den Menschen sagt ein Baumaschinenfahrer: »So ist das nun mal im Bergbau. Wenn uns die Bäume leidtäten, würden wir keine Energie produzieren. Wenn ich ehrlich bin, fühle ich keine starke Verbindung zu den Bäumen. Für uns sind sie nur Hindernisse, die aus dem Weg geräumt werden müssen.« Zu oft hat sich in den letzten Jahrzehnten wiederholt, was der sozialkritische Journalist Upton Sinclair bereits vor einem Jahrhundert festgestellt hat: »Es ist schwierig, jemanden dazu zu bringen, etwas zu verstehen, wenn er sein Gehalt dafür bekommt, es nicht zu verstehen.« Das führt dazu, dass Alternativen gesichtslos und abstrakt bleiben. Die fatale Folge ist, dass wir aus Opportunismus unsere limitierte Perspektive für ein ganzheitliches Wissenspanorama halten. Das ist oft der Grund dafür, dass wir uns in Detailbetrachtungen verlieren, ohne das Ganze – die kulturelle Dimension – zu erkennen.

Sollte es uns Menschen nicht gelingen, das mit aufklärerischen Mitteln zu verändern, dann wird es die Natur für uns tun. Daran hat uns das Coronavirus erinnert. Denn bei aller technischen, ökonomischen und kulturellen Dominanz, die die Menschheit in den letzten Jahrhunderten gelebt hat, wissen wir doch insgeheim, dass wir uns den Planeten nicht als Verfügungsmasse untertan machen können. Aber offensichtlich ist uns noch nicht in letzter Konsequenz klar geworden, dass wir ihn durch Nachlässigkeit zerstören können. Johann Wolfgang von Goethe schrieb einst in einem Brief an Karl Ludwig von Knebel: »Die Konsequenz der Natur tröstet schön über die Inkonsequenz der Menschen.« Doch dieser Trost wird in dem Moment trügerisch, in dem sich die Natur aufgrund menschlicher Inkonsequenz – oder noch schlimmer: aufgrund der ausbeuterischen Konsequenz reiner Nutzenorientierung – zu einem unwirtlichen und lebensfeindlichen Ort wandelt.

Wir wissen mittlerweile, dass wir so nicht weitermachen können. Aber wir bringen noch nicht die notwendige Konsequenz auf, um unser Handeln tatsächlich gesellschaftlich und global zu verändern. Die Debatte darüber müssen wir zügig, aber sorgsam führen. Denn schon in den vergangenen Monaten mehrten sich die Stimmen derjenigen, die nicht bloß begeistert die Entschleunigung des Alltags, die Verringerung des Autoverkehrs und die Reduktion der Warenströme feierten, sondern die das Handeln gegen das Virus auch gleich zur Blaupause für die Bekämpfung des Klimawandels machen wollten. Diese Stimmen bleiben damit aber just jener instrumentellen und technischen Vernunft verhaftet, die sie angeblich überwinden wollen. Sie setzen auf Macht und Technik, wo es Einsicht und Verständigung braucht.

Es wäre ein Fehler, diesen Weg zu gehen und einfach die Instrumente der Pandemiebekämpfung auf die Klimapolitik zu übertragen. Denn was an kurzfristiger Konsequenz zur Eindämmung einer Pandemie notwendig war, kann nicht zum Muster für die Bewältigung einer ungleich komplexeren und langfristigeren Veränderung unseres Wirtschafts- und Lebensmodells auf diesem Planeten werden.

Das Argument derjenigen, die so etwas fordern, ist nur zu verstehen, wenn man davon ausgeht, dass die Notstandslogiken der Coronakrise und der Klimakrise vergleichbar seien. Aber die sichtbare Unmittelbarkeit der Bedrohung markiert einen wesentlichen Unterschied. Bei den Maßnahmen gegen das Coronavirus ging es darum, dass eine akut laufende Infektionswelle unmittelbar gebrochen werden musste, um nicht binnen sehr kurzer Zeit sehr viele Patientinnen und Patienten zu haben, die nicht mehr im Gesundheitswesen versorgt werden können. Und zwar nicht abstrakt und rechnerisch in zwanzig oder dreißig Jahren, sondern in wenigen Monaten.

Wer deswegen glaubt, dass es auch sinnvoll wäre, über Jahrzehnte hinweg ein ähnliches Szenario aus Klimaschutzgründen aufrechtzuerhalten, sollte darüber nachdenken, was das mit unserer Gesellschaft machen würde. Die ohne Zweifel notwendige Veränderung des Lebensstils wird in Demokratien nur funktionieren, wenn wir sie als Gesellschaft aus wohlverstandener Einsicht herbeiführen und nicht, wenn sie erzwungen wird.

Zur Bewältigung der ökologischen Krise unserer Zeit braucht es keinen auf unmittelbarer Überlebensangst begründeten Zwang, sondern die freie Einsicht darin, dass ein anderes Leben nicht nur möglich, sondern in Konsequenz auch besser ist.

Wir haben in der aktuellen Krise erfahren, dass wir dazu fähig sind, selbst vermeintlich sakrosankte Routinen unseres Zusammenlebens und unseres Wirtschaftens zu ändern. Das sollte uns die Kraft geben, auch das ökologische Bewusstsein unserer Gesellschaft zu transformieren. Dabei müssen wir allerdings darauf achtgeben, dass wir uns nicht allein vom »wohlstandsmoralischen Feldherrnhügel« (Armin Nassehi) aus an die Aufgabe machen, sondern ihre globale Dimension in den Blick nehmen – und den Ausgang aus der selbstverschuldeten ökologischen Unmündigkeit auf dem ganzen Planeten gemeinsam organisieren.

Entscheidend dabei ist jene radikale ökologische Erkenntnis, die der Arzt Albert Schweitzer einst formuliert hat: »Ich bin Leben, das leben will, inmitten von Leben, das leben will.« Es wird in der Zukunft darauf ankommen, dass wir die existenzielle Erfahrung der Krise nutzen, um achtsamer nicht nur mit unseren Mitbürgerinnen und Mitbürgern umzugehen, sondern auch mit der Natur, deren Teil wir sind.

DER WERT GESELLSCHAFTLICHER SOLIDARITÄT

Die Coronakrise ist eine Chance, die gesellschaftliche Solidarität zu stärken. Diese These hat schon früh die Debatte über den Umgang mit dem Virus geprägt. Bereits Ende März 2020 hat der Deutsche Ethikrat seine Ad-hoc-Stellungnahme zum aktuellen Krisengeschehen unter die Überschrift »Solidarität und Verantwortung in der Coronakrise« gestellt. Zum damaligen Zeitpunkt waren die Nachrichten voll von Berichten über Nachbarn, die einander in Quarantänesituationen halfen, über neu entstehende kommunitaristische Strukturen in den Stadtteilen und über ein weiter wachsendes Bewusstsein dafür, dass wir die Erfahrung der öffentlichen Kontaktbeschränkungen nicht allein bewältigen können, sondern dass wir dafür unsere Mitmenschen benötigen.

Der Ethikrat grenzt in seiner Stellungnahme den Begriff zunächst definitorisch ein: »Gerade in diesen Tagen der Krise zeigt sich, wie groß die Solidaritätsressourcen in unserem Lande sind. Solidarität bedeutet die Bereitschaft zu prosozialen Handlungen auf der Grundlage relevanter Gemeinsamkeit, die der solidarbereiten Person etwas abverlangen. Sie besteht weder automatisch noch unbegrenzt. Mag der Impuls zur solidarischen Hilfsbereitschaft am

Anfang von jenem elementarmenschlichen Mitgefühl ausgehen, das nahezu jede Person angesichts schwerer Bedrohungen anderer empfindet, so muss solches Mitempfinden immer noch übersetzt werden in konkretes Handeln.«

Die Autorinnen und Autoren verweisen darauf, dass wir Solidarität nicht einfach als eine gesellschaftliche Grundbedingung unterstellen dürfen. Zwar empfinden wir in der Regel weitgehend selbstverständlich Mitgefühl mit anderen Menschen, denen es schlechter geht als uns. Aber weder ist dieses Gefühl verlässlich vorhanden, noch können wir davon ausgehen, dass es in einer Krisensituation entsteht. Vielmehr müssen dafür bestimmte gesellschaftliche Voraussetzungen gegeben sein, die von zwischenmenschlichen Begegnungen bis zur Akzeptanz einer gerechten Ordnung reichen können.

In der Stellungnahme des Ethikrates heißt es dazu: »Solidarität hängt von verschiedenen Faktoren ab: Es muss ein Grundgefühl von Zusammengehörigkeit oder wenigstens gemeinsamer Betroffenheit in einer Gefährdungssituation bestehen. Es müssen den Solidarbereiten ausreichende materielle oder immaterielle Mittel zur Verfügung stehen, ihren Wunsch zur Hilfe auch in die Tat umzusetzen. Die solidarisch handelnden Personen müssen unter Umständen sogar bereit sein, in zumutbaren Grenzen sich selbst zu gefährden. Dies geschieht allerdings regelmäßig in der Erwartung, Nutzen und Lasten würden jedenfalls auf lange Sicht fair und gerecht verteilt. Alle an solidarischen Praxisformen beteiligten Personen sollten sich fragen, welche Einbußen und Kosten man wem mit Gründen ansinnen darf – im aktuellen Fall also etwa, wem welche

Einbußen in der politischen, sozialen, wirtschaftlichen oder kulturellen Lebensweise zugemutet werden dürfen.«

Anders als Gerechtigkeitspolitiken knüpfen solidarische Gesellschaftsvorstellungen ihre Hilfs- und Unterstützungsangebote nicht an Vorstellungen von Verdienst oder Leistungsbereitschaft. Der schlichte Umstand, Mitmensch oder Mitbürgerin zu sein, reicht aus, um Hilfe zu begründen – in Erwartung, dass einem selbst im Zweifel die gleiche Unterstützung zuteilwerden wird. Solidarische Vorstellungen von Gesellschaft unterscheiden sich daher deutlich von vulgärliberalen oder gar singularistischen Konzepten, die auf den Einzelnen und sein Recht auf Selbstverwirklichung fokussiert sind.

Solidarität hat auch nichts mit dem nagenden Gefühl zu tun, dass jemand Hilfe in Anspruch nimmt, obwohl er sie nicht verdient. Sie wird vielmehr erfahrbar als jene Haltung, die uns überhaupt erst aus freien Stücken zu Teilen einer Gemeinschaft werden lässt, in der wir nicht nur sicherer, sondern letzten Endes auch freier leben können. Denn es ist die solidarische Gemeinschaft, die jene abstrakten Regeln und praktischen Grundlagen sichert, die Einzelne auch in der Moderne brauchen, um in Freiheit leben zu können.

Die Debatte über die Solidarität unserer Gesellschaft ist in einer offenen Demokratie daher auch eine Debatte über ihre Liberalität. Es ist vermutlich kein Zufall, dass uns diese Wiederentdeckung der Solidarität in einer Zeit vor Augen geführt worden ist, in der die alltäglichen Freiheiten stärker eingeschränkt waren, als es eine Demokratie eigentlich vertragen kann.

Die Coronakrise ist in diesem Zusammenhang eher ein Katalysator als eine eigenständige Ursache. Die Diskussion über eine Neubegründung gesellschaftlicher Solidarität hat schon früher begonnen. In den letzten Jahren wurden jene Stimmen lauter, die darauf hingewiesen haben, dass wir die wachsende Vielfalt unserer modernen offenen Gesellschaften nur dann werden gestalten können, wenn es uns gelingt, ihren Gemeinsinn und ihren Zusammenhalt aus der Vielfalt heraus neu zu begründen. Denn auch eine solidarische Gesellschaft kann auf unterschiedlichen normativen Fundamenten beruhen und entsprechend unterschiedliche Vorstellungen von Solidarität zur Grundlage haben. Neben freiheitlich-progressiven gibt es natürlich auch traditionalistische Solidaritätsvorstellungen. Diese setzen weniger auf die aufgeklärte Einsicht des Einzelnen als vielmehr auf die Sozialisation in einen vorhandenen und nicht hinterfragten Werterahmen.

Gerade in Krisenzeiten scheinen solche weniger begründungsaufwändigen Angebote der Teilhabe und Geborgenheit besonders attraktiv, weil sie von der Mühe entlasten, die progressive Konzepte verlangen. Denn progressive Vorstellungen des Gemeinsinns fordern Einsicht und Diskurs, Begründung und Verständigung. Sie nehmen die Vielfalt der kulturellen und sozialen Perspektiven einer Gesellschaft zum Ausgangspunkt des Ringens um einen gemeinsamen Weg. Sie konturieren eine Gesellschaft, deren Zusammenhalt und Gemeinsinn darauf beruhen, dass jede Bürgerin und jeder Bürger ohne Angst verschieden sein kann. Ein Konzept, das unter Druck geraten kann, wenn sich alle im Angesicht des Virus gleich fühlen.

Gleichwohl steckt in dem von außen beförderten Gefühl der wechselseitigen Verbundenheit auch für fortschrittliche Politik eine Chance. Schließlich hat die Erfahrung des Zusammenhalts gezeigt, wie sehr wir in einer Gesellschaft über alle Unterschiede hinweg füreinander verantwortlich und aufeinander angewiesen sind. Der Schock der Coronakrise hat viele der schon länger geführten grundsätzlichen Debatten über kulturelle Differenz und einen homogenisierenden gesellschaftlichen Grundkonsens praktisch geerdet. Er hat uns vor Augen geführt, dass wir als Gesellschaft sehr wohl in der Lage sind, diese bisweilen etwas angestrengten Auseinandersetzungen zugunsten eines beinahe unmittelbaren Gemeinschaftswillens zu überwinden, wenn es tatsächlich um eine existenzielle Bedrohung unserer Gesellschaft geht. Plötzlich erleben wir, dass es möglich ist, aufeinander zuzugehen und füreinander da zu sein.

Es ist ein faszinierender Begleitumstand der aktuellen Krise, dass die Fragen nach kultureller Vielfalt, nach identitätspolitischer Anerkennung, nach sozialem Respekt zumindest zeitweilig kaum noch eine Rolle spielten (bis sie nach den Tod von George Floyd bei einem gewaltsamen Polizeieinsatz in Minneapolis von der antirassistischen #BlackLivesMatter-Bewegung weltweit wieder machtvoll auf die Agenda gesetzt wurden). Das Virus traf zwar nicht auf gleich verteilte Ressourcen zu seiner Bewältigung, aber seine Dringlichkeit nivellierte derartige Fragen der Differenz kurzfristig in einer beinahe gattungsgeschichtlichen Stunde null. Wir waren nicht als Trägerinnen und Träger unterschiedlicher kultureller Sozialisationen angesprochen, sondern als Menschen.

»Solidarität – ich weiß, das ist ein großes Wort«, sagte Bundespräsident Frank-Walter Steinmeier in seiner Osteransprache. »Aber erfährt nicht jeder und jede von uns derzeit ganz konkret, ganz existenziell, was Solidarität bedeutet? Mein Handeln ist für andere überlebenswichtig.« Und er bat darum, dass wir uns diese kostbare Erfahrung bewahren. »Die Solidarität, die Sie jetzt jeden Tag beweisen, die brauchen wir in Zukunft umso mehr! Wir werden nach dieser Krise eine andere Gesellschaft sein. Wir wollen keine ängstliche, keine misstrauische Gesellschaft werden. Aber wir können eine Gesellschaft sein mit mehr Vertrauen, mit mehr Rücksicht und mit mehr Zuversicht.« Darüber, ob das gelingen mag, könne das Virus nicht entscheiden, das hätten wir selbst in der Hand. Ein sehr praktisches Beispiel dafür ist das Tragen eines Mund-Nasen-Schutzes, mit dem man ja nicht sich selber schützt, sondern seine Mitmenschen. Erst wenn alle anderen auch eine solche Maske tragen, ist auch der eigene Schutz gewährleistet. Eine sehr symbolträchtige Umkehrung der üblichen egoistischen Annahmen in unserer Gesellschaft.

Freie Bürgerinnen und Bürger können Solidarität organisieren und damit sichern. Erst dadurch wird aus einer spontanen Reaktion ein prägendes Merkmal einer Gesellschaft. Denn so anrührend es zum Beispiel war, dass in vielen Städten Bürgerinnen und Bürger um 21 Uhr auf die Balkone und an die geöffneten Fenster getreten sind, um den Pflegerinnen und Pflegern, den Ärztinnen und Ärzten, die aktuell um das Leben der COVID-19-Infizierten auf den Intensivstationen kämpften, zu applaudieren, so wenig ist diese Geste auf Dauer ausreichend, um wirklich solidarische Strukturen zu etablieren. Gleiches gilt für die politischen Beschwörungen der Bedeutung der Arbeit von Menschen nicht nur im Gesundheitswesen, sondern auch in den Supermärkten, bei den Paketdiensten oder bei Polizei und Feuerwehr. Es bleibt zu hoffen, dass wir in diesen Tagen das Bewusstsein dafür erlangt haben, dass sich Respekt und Anerkennung nicht nur in warmen Worten, sondern vor allem in ordentlicher Bezahlung und vernünftigen Arbeitsbedingungen ausdrücken müssen. Wer Systemrelevanz proklamiert, der sollte daraus auch die richtigen praktischen Schlüsse ziehen.

Erschreckend ist in diesem Zusammenhang auch, wie schnell die Krise die traditionelle Rollenverteilung der Geschlechter verstärkt hat. Beinahe alle in der Öffentlichkeit wahrnehmbaren Experten, Wissenschaftler, Politiker und selbst ernannten Krisenmanager und -analysten waren Männer. Frauen tauchten in der Regel allenfalls als Vertreterinnen aus der Praxis der Care-Berufe in den Debatten auf. »Das Virus zeigt unsere Gesellschaft wieder so viril, wie sie eigentlich ist. Nun jedoch offen, hemdsärmelig und breitbeinig, ohne schlechtes Gewissen und ohne verschämte Gesten«, schreibt Jana Hensel am 13. April 2020 auf *Zeit Online*. »In Wahrheit zeigt uns ausgerechnet Corona, wie unglaublich viel noch zu tun ist, wenn wir wollen, dass es in Deutschland für Männer und Frauen wirklich so etwas wie Gleichberechtigung gibt.«

Die Schließung von Kitas und Schulen führte beinahe ausnahmslos zu einer erheblichen Mehrbelastung insbesondere von Eltern, die versuchen mussten, zwischen

Homeoffice und Homeschooling zu jonglieren. Das betraf weit überwiegend Frauen. Errungenschaften von Jahrzehnten engagierter Gleichstellungskämpfe waren praktisch über Nacht verschwunden. Genauso wie die schlecht bezahlte Care-Arbeit in der Pflege überwiegend eine Frauendomäne geblieben ist, so herrscht auch in der unbezahlten häuslichen Care-Arbeit noch immer weit weniger Gleichberechtigung, als wir uns das vielleicht bislang eingeredet haben.

Die Soziologin Jutta Allmendinger hat Anfang Mai in einer Fernseh-Talkshow davor gewarnt, dass die Auswirkungen der Coronakrise die Geschlechterverhältnisse um gut drei Jahrzehnte zurückwerfen könnten. Ein erschreckender Befund: Die Grundlage, auf der wir im Kleinen und Großen die Schließung von Kitas und Schulen abgefedert haben, war offensichtlich die unzureichende Gleichstellung. Schnell zeigten sich wieder Rollenmuster, die wir seit Jahrzehnten zunehmend überwunden glaubten. Die Lasten der nach außen beschworenen Solidarität wurden keineswegs fair verteilt getragen, sondern in erster Linie von den vielen Frauen, die sich plötzlich wieder um Kinder und Haushalt kümmern mussten.

Es darf einer modernen Gesellschaft des 21. Jahrhunderts nicht gleichgültig sein, dass in Tausenden Familien die Kinder wieder von Mama betreut werden mussten. Und erst recht nicht, dass noch nicht einmal thematisiert wurde, dass dies ein Problem bedeuten könnte. Ganz zu schweigen davon, dass die Arbeit von Kitas und Schulen plötzlich vor allem unter dem Gesichtspunkt der arbeitsmarktkonformen Betreuung der Kinder betrachtet wurde, während ihr Wert für die frühe Bildung und Kompetenz-vermittlung aus dem Blick geriet.

Ernst gemeinte Solidarität setzt voraus, dass wir Strukturen schaffen, die alle – auch Eltern und ihre Kinder – in diese solidarische Perspektive miteinbeziehen. Das ist eine wichtige Voraussetzung dafür, dass sich die gravierenden Ungleichbehandlungen des Jahres 2020 in kommenden Krisen nicht wiederholen. Dreißig Jahre zurückgeworfen zu werden, das kann sich jedenfalls niemand in unserer Gesellschaft wünschen. 1990 endete die Schule mittags, der Kindergarten war eine drei- bis vierstündige morgendliche Spielgruppe, und die Elternzeit hieß noch Erziehungsurlaub. Wir sind heute erheblich weiter, aber noch lange nicht am Ziel. Und wir müssen aufpassen, dass wir gewonnene Strecke nicht wieder verlieren.

Das gilt erst recht, weil wir angesichts der ökonomischen Auswirkungen der Coronakrise vor Zeiten stehen, in denen die Verteilungsspielräume enger werden und in denen wir noch genauer darauf achten müssen, dass wir gesellschaftlich rechtfertigen können, wie und wofür wir die knapper werdenden Ressourcen einsetzen. Wir wissen aus der Vergangenheit, dass in solchen Zeiten auch die Ressource Solidarität unter Druck gerät, weil viele geneigt sind, zunächst die eigenen Verluste zu minimieren. Es wird daher unerlässlich sein, gerade jetzt und in den kommenden Jahren das Bewusstsein für die Befähigung unserer Gesellschaft zur Solidarität – im Großen wie im Kleinen – aufrechtzuerhalten.

Sollten wir schnell und unreflektiert in die alten und nur allzu eingeübten Reflexe des sozialen Neids und des individuellen Egoismus zurückfallen, dürfte es ungleich schwerer werden, als freie und vernünftige Gesellschaft durch die kommende Zeit zu navigieren. Gerade jetzt müssen wir uns darum kümmern, dass Solidarität nicht mehr nur behauptet, sondern in Institutionen und konkreten Vereinbarungen und Gesetzen gesichert wird.

Wir werden Solidarität als Wert in unserer Gesellschaft nur dann stärken können, wenn sie nicht nur in feierlichen Ansprachen beschworen wird, sondern sich tatsächlich als Richtschnur für unsere Entscheidungen etabliert. Wenn wir uns also auch politisch fragen, welche Rückwirkungen bestimmte Vorhaben und Programme auf den notwendigen Zusammenhalt unserer Gesellschaft haben. Und wenn wir darauf achten, dass die Strukturen und Institutionen, die uns überhaupt erst zur Solidarität befähigen, nicht beschädigt werden, weil wieder einmal vermeintlich kein Geld da ist, um sie zu sichern und zu stärken. Die sozialen und kulturellen Einrichtungen unseres Landes sind die Orte, an denen das solidarische Miteinander der Vielen und Verschiedenen gelernt und gelebt werden kann.

In einer modernen und kulturell bunten Gesellschaft erlernen wir den Wert der Gemeinschaft längst nicht mehr nur in Familie oder Schule, sondern an all jenen Orten, an denen wir uns in unserer Unterschiedlichkeit begegnen und herausgefordert werden, trotzdem als Gemeinschaft miteinander klarzukommen. Vom Jugendzentrum bis zum Konzerthaus bieten sich dafür viele Möglichkeiten. Sie alle eint, dass sie uns vor die Frage stellen, welche gemeinsamen Vorstellungen und Werte wir entwickeln und vereinbaren können, die wir als Grundlage unseres Zusammenlebens akzeptieren. Dass diese Werte nicht mehr traditionell und unhinterfragt vorausgesetzt werden können, weil die kulturellen und sozialen Hintergründe der einzelnen Bürgerinnen und Bürger zu unterschiedlich sind, ist eine alte Erkenntnis der Moderne.

In der Coronakrise haben wir uns – nach anstrengenden und bisweilen arg rückwärtsgewandten Debatten in den Jahren zuvor – selbst gezeigt, dass wir uns intuitiv umeinander kümmern wollen und können. Eine solidarische Gesellschaft ermöglicht überhaupt erst die Freiheit aller, weil sie die Grundlage dafür legt, dass wir die Ressourcen zur Inanspruchnahme dieser Freiheiten so gerecht verteilen, dass alle sie auch leben können. In ihr steht nicht mehr nur die Frage »Wer bist du?« im Zentrum, sondern vor allem die Frage »Was wollen wir?«. Zu der Debatte darüber können alle etwas beitragen.

DER ÖFFENTLICHE RAUM

Die Strategien, mit denen die Ausbreitung des Virus ab Mitte März 2020 in Deutschland eingedämmt werden sollte, zielten in erster Linie auf den öffentlichen Raum. Überall dort, wo sich Bürgerinnen und Bürger zufällig und ungeplant nahekommen und miteinander in Kontakt treten, wächst die Wahrscheinlichkeit, dass das Virus übertragen werden kann. Die Folge dieser Überlegungen waren zunächst Verbote großer Veranstaltungen, dann jeglicher Veranstaltungen und zum Schluss generelle Kontaktbeschränkungen und Abstandsgebote im öffentlichen Raum, die nach ersten Lockerungen als »neue Normalität« (Olaf Scholz) bis zur Verfügbarkeit eines Impfstoffes ausgerufen wurden.

Die kulturelle und gesellschaftliche Öffentlichkeit unserer Gesellschaft ist dadurch sogar noch vor der Wirtschaft oder der Familie in Mitleidenschaft gezogen worden. Bei aller rationalen Einsicht in diesen epidemiologisch notwendigen Schritt war doch bei vielen der Zweifel spürbar, inwieweit die sozialen und kulturellen Kosten tragbar wären. In einer freiheitlichen Demokratie jedenfalls ist es hoch begründungsaufwändig, zentrale gesellschaftliche Diskursorte zu schließen und zugleich Bürgerrechte wie das der öffentlichen Kundgebung so weit einzuschränken, dass schon eine Demonstration gegen diese Entscheidungen zwischenzeitlich nicht mehr zulässig gewesen wäre.

In einer Demokratie kommen der Begegnung und dem Diskurs freier Bürgerinnen und Bürger herausgehobene Rollen zu. Aus ihren Gesprächen formt sich der gesellschaftliche Raum, in dem sich Begründungen für politische Programme ebenso zu rechtfertigen haben wie moralische Vorstellungen von einem guten gemeinsamen Leben. Normativ betrachtet werden derartige Überlegungen nicht »von oben« dekretiert, sondern entwickeln sich in freier öffentlicher Kommunikation.

Dabei spielen kulturelle und mediale Angebote eine besondere Rolle als diskursive Kristallisationspunkte. Sie liefern Gelegenheit und Anlass, sich über Fragen des Gemeinsinns und des Zusammenhalts auszutauschen. Dass ausgerechnet zum Zeitpunkt einer fundamentalen gesellschaftlichen Krise diese Foren verschlossen bleiben mussten, war anfangs Ursache einer merkwürdigen gesellschaftlichen Sprachlosigkeit. Dabei hätte es schon zu diesem Zeitpunkt die offene und öffentliche Debatte über Strategien des Umgangs mit der Situation und ihren Konsequenzen gebraucht.

Denn es ist der öffentliche Raum, in dem die sonst in viele Speziallogiken parzellierte Vernunft unserer Gesellschaft zusammenfließen und eine gesamthafte Perspektive ermöglichen kann. Hier besprechen wir eben nicht bloß das, was jede oder jeder Einzelne aus jeweiliger Perspektive für richtig oder falsch hält, sondern hier versuchen wir, das Allgemeine, das Übergreifende, das alle Betreffende zu fassen zu bekommen, um uns auf allgemeingültige Regeln zu verständigen. Kunst, Wissenschaft und Medien sind die gesellschaftlichen Bereiche, die eine solche Öffentlichkeit in besonderer Weise brauchen, weil sie erst in freier Kommunikation ihre Potenziale entfalten können.

Aber auch in einer stabilen Demokratie ist gesellschaftliche Öffentlichkeit ein fragiles Gebilde. Jeder Versuch, sie absichtsvoll herzustellen – und sei es auch aus noch so guten Gründen – kann dazu führen, dass sie ihre widerständige Fähigkeit zur Orientierung und zur Integration verliert, weil sie in Abhängigkeiten gerät, die ihr die Freiheit nehmen.

Angesichts der vielen medialen und digitalen Optionen ist der öffentliche Raum durch die physischen Beschränkungen zur Virusbekämpfung zwar keineswegs unbetretbar geworden. Oft waren es Künstlerinnen und Kreative, die mit ungezählten Initiativen als Erste den digitalen Raum gefüllt haben. Die Vielzahl an neu entstandenen Angeboten im Netz konnte zwar den Theaterbesuch oder das Konzerterlebnis nicht ersetzen, aber sie konnte aus der Verlusterfahrung heraus die Erinnerung hochhalten an das, was wieder möglich sein musste und wofür es sich durchzuhalten lohnte.

Es wird darauf ankommen, die Erfahrung dieses Verlusts in eine erhöhte Sensibilität für die Bedeutung des öffentlichen Raumes zu verwandeln. Allzu oft unterstellen wir, dass jene Institutionen und Akteure, die Verantwortung für öffentliche Kommunikation und allgemeine Belange übernehmen, dies auch in Zukunft tun werden und wir uns nicht selber kümmern müssen. Aber genau das schwächt unsere Diskursfähigkeit in jenen Momenten, in denen wir sie am dringendsten brauchen. Dann nämlich bevölkern auf einmal jene vernunftpanischen oder verschwörungsideologischen Milieus die öffentlichen Plattformen, denen leider die wesentlichste Voraussetzung für ein vernünftiges Gespräch abgeht: die Bereitschaft, zu unterstellen, dass der Diskussionspartner auch an einer Verständigung interessiert sei und dass er eventuell sogar mit seiner Ansicht recht haben könnte.

Genau diese – bisweilen zweifellos kontrafaktischen – Unterstellungen sind essentiell, wenn öffentliche Kommunikation gelingen soll. Sie greifen aber nur dann, wenn der Zugang zum öffentlichen Raum auch tatsächlich allen offen steht, wenn Öffentlichkeit sich nicht von vornherein in viele kleine Arenen aufspaltet, in der die jeweils Interessierten vorwiegend ihr eigenes Echo hören, vor allem aber, wenn alle, die am öffentlichen Gespräch teilhaben wollen, dazu auch tatsächlich die Möglichkeit haben.

Nach wie vor – und ganz unabhängig vom Virus und seinen Folgen – sind die Zugangsmöglichkeiten zu den relevanten gesellschaftlichen Diskursforen ungleich und ungerecht verteilt. Das gilt sicherlich in sozialer Hinsicht, sodass wir weit mehr hören konnten von den Schwierigkeiten, Homeoffice und Homeschooling zusammenzubringen, als von den Herausforderungen, die die Kontaktbeschränkungen für Alleinerziehende in Großwohnsiedlungen oder für Kinder in großen Familien in sozial prekärer Lage mit sich gebracht haben. Das dürfte auch etwas damit zu tun haben, dass manche Milieus besseren

Zugang zu und höhere Resonanz in öffentlichen Foren finden.

Nur eine umfassend als relevant empfundene öffentliche Sphäre vermag jene gemeinschaftliche Bereitschaft zu gemeinsamem Handeln zu ermöglichen, auf die es gerade in Krisensituationen ankommt. Genau auf diesen Mechanismus zielte die Nationale Akademie der Wissenschaften Leopoldina in ihrer dritten Ad-hoc-Stellungnahme zur Coronavirus-Pandemie vom 13. April 2020. Dort heißt es mit Blick auf die Akzeptanz der gesellschaftlichen, kulturellen und wirtschaftlichen Einschränkungen: »Grundsätzlich werden Normen dann am ehesten befolgt, wenn sie klar, eindeutig und nachvollziehbar sind. Die Motivation zu ihrer Einhaltung ist dann besonders hoch, wenn sie intrinsisch ist, also aus der Einsicht in das eigene Interesse oder die Fürsorge für Andere resultiert. Demgegenüber sind Androhungen von Sanktionen weniger effektiv. Vor diesem Hintergrund ist es von besonderer Bedeutung, dass die im Zusammenhang mit der Coronavirus-Pandemie ergriffenen politischen Maßnahmen eindeutig formuliert und gut begründet werden und sowohl an das Eigeninteresse als auch an die Fürsorge und Verantwortung anderen gegenüber appellieren.« Die Wissenschaftler beschreiben hier, dass solidarisches Bewusstsein in öffentlicher Kommunikation notwendig ist, um sich an teilweise gravierende Einschränkungen zu halten.

Für die Zeit nach der Krise heißt das, dass wir den Nachhall des Verlusts genau dieser öffentlichen Sphäre zum Gegenstand der politischen und gesellschaftlichen

Debatte machen müssen. Wir sind in der Vergangenheit zu oft davon ausgegangen, dass die Foren des gesellschaftlichen und kulturellen Miteinanders gleichsam selbstverständlich vorhanden sind. Öffentlichkeit kann aber nicht abstrakt gewährleistet werden, sie entsteht letztlich als Qualität unseres Handelns. Das betrifft sowohl die »analogen« Institutionen wie auch ihre digitalen Pendants, die seit Mitte März 2020 binnen kürzester Zeit neu aus dem Boden gestampft werden mussten.

Vielen Bürgerinnen und Bürgern dürfte in den Wochen des partiellen Shutdowns bewusst geworden sein, für wie selbstverständlich sie vorher eine öffentliche Sphäre des Austauschs gehalten haben – und wie falsch diese nachlässige Annahme war. Der zeitweilige Verlust des öffentlichen Raums hat hoffentlich mehr hinterlassen als jene wohlige Wehmut, die medial inszeniert wurde, wenn beispielsweise all jene öffentlichen Plätze menschenleer gezeigt wurden, die in den großen Metropolen sonst Kristallisationspunkte des Lebens sind. Beispielhaft war dafür sicherlich ein Online-Livestream, in dem der italienische Tenor Andrea Bocelli am Ostersonntag allein vor dem Mailänder Dom stand und »Amazing Grace« sang. Eingeblendet wurden dabei Bilder aus Paris, London, New York und anderen Weltmetropolen, die alle ebenso entvölkert waren wie der Platz in Mailand.

Diese Räume und Orte waren stumm – und doch schrien sie förmlich nach dem Stimmengewirr und dem Lärm, der sie in ihrer urbanen Textur ausmacht. Nils Minkmar hat recht: Wenn wir diese menschenleeren Plätze wieder betreten, dann sollten wir sorgfältiger darauf achten, wie wir sie füllen wollen, welche Gespräche wir auf ihnen führen wollen und was wir gemeinsam verabreden werden.

Diese abstrakten Fragen nach den Bedingungen öffentlicher Gespräche können nicht von Spezialisten, sondern nur von uns Bürgerinnen und Bürgern gemeinsam beantwortet werden. Gerade deshalb fordern diese Fragen auch Künstlerinnen und Kreative unmittelbar und direkt heraus. Denn es geht bei den Antworten auch um die spekulative Alternative, um den pragmatisch gelebten neuen Entwurf, um die Suche nach jener tiefsitzenden und umfassenden Solidarität, die die Freiheit und die Vielfalt unseres Zusammenlebens überhaupt erst ermöglicht. Wenn es stimmt, dass wir in existenziellen Krisen letztlich alle Aspekte neu bewerten, auf denen unser Gesellschaftsmodell begründet ist, dann bleibt zu hoffen, dass Künstlerinnen und Musiker, Schriftstellerinnen und Tänzer, Kreative und Schauspielerinnen diesen Diskurs beleben und mit ihren Positionen und Interventionen aufmischen.

Kunst hat die Aufgabe, Chaos in die Ordnung zu bringen, hat Theodor W. Adorno in seinen *Minima Moralia* geschrieben. Doch wenn die Welt im Chaos versinkt und wir als Gesellschaft sogar versucht sind, autoritäre Haltelinien zu definieren, kann Kunst eine alternative, eine weiterhin freiheitliche und offene Ordnung anbieten. Es geht schließlich um Deutungs- und Orientierungsangebote, die nicht den Kontrollfantasien mancher Politiker folgen, sondern die auf die aufgeklärte Vernunft der Bürgerinnen und Bürger setzen. Diese Vernunft manifestiert sich in den Zwischenräumen. Wir finden sie zwischen uns im gemeinsamen öffentlichen Gespräch. Wenn wir anfangen, die gesellschaftliche Debatte mit Lust und Leidenschaft neu zu beleben, dann wird auch die öffentliche Sphäre auf die nächste Krise besser vorbereitet sein.

DER WERT WISSENSCHAFTLICHEN DENKENS

Die öffentliche und politische Beschäftigung mit der Coronakrise und dem SARS-CoV-2-Virus war und ist zu Recht maßgeblich von wissenschaftlichen Hypothesen und empirischen Forschungsergebnissen geprägt. Der öffentliche Umgang mit diesem neuen Wissen hat verschiedene, durchaus typische Phasen durchlaufen, aus denen wir einiges für den künftigen Umgang mit wissenschaftlicher Beratung lernen können.

Gerade zu Anfang des pandemischen Geschehens in Deutschland war es erstaunlich, wie positiv und geradezu enthusiastisch die öffentlichen Äußerungen von Virologen und Epidemiologen aufgenommen wurde. »In dieser Phase erlebten wir eine bemerkenswerte Konsonanz. Politik und weite Teile der Gesellschaft sind sich einig, die Wissenschaft liefert die Argumente und belegt die verkannte Dimension der Pandemie. In Talkshows wird nicht gestritten, sondern erklärt und informiert. Wir lernen von den Experten, die uns das exponentielle Wachstum verdeutlichen, die Infektionsmechanismen erläutern oder die Zuverlässigkeit von PCR-Tests ansprechen«, schrieb der Wissenschaftsjournalist Ranga Yogeshwar am 2. Mai 2020 in der *FAZ*: »Virologen und Epidemiologen schmücken

Talkshows, Podcasts und Interviews. Ihre Namen sind bekannt wie die der Fußballstars: Christian Drosten, Melanie Brinkmann, Alexander Kekulé, Marylyn Addo oder Hendrik Streeck.«

Die schon in dieser Frühphase sichtbare Personalisierung wissenschaftlicher Forschung war der Logik medialer Präsentation geschuldet. Es brauchte kompetente und kommunikative Personen, die in der Lage waren, den aktuellen Stand der Forschung auf den Punkt zu bringen – und damit Sicherheit zu geben, als vieles unklar war.

Aber genau an dieser Stelle geraten wissenschaftliche und mediale Logik regelmäßig in einen Konflikt. Die Medien führen Wissenschaftlerinnen und Wissenschaftler häufig als Protagonisten der Wahrheit ein. Ihre Aussagen sollen Gültigkeit beanspruchen und Klarheit schaffen. In der medialen Vermittlung ist dabei oftmals nicht erkennbar, dass sie zunächst auch nur Zwischenergebnisse auf dem Weg hin zu einer gesicherten Erkenntnis sind. Auch in der Wissenschaft braucht es unterschiedliche Perspektiven und Annahmen, die im Widerspruch zueinander stehen und dann debattiert werden müssen.

Wenn aber dieser notwendige wissenschaftliche Disput einsetzt und neue Erkenntnisse gewonnen werden, drohen die eingeführten wissenschaftlichen Autoritäten zu weiteren beliebigen Sprecherinnen und Sprechern mit einer bloßen Meinung zum Geschehen zu werden. Sie geraten ins diskursive Handgemenge und verlieren die ihnen zugewiesene Rolle des über den Dingen stehenden Schiedsrichters. Das war auch im Frühjahr 2020 nicht anders: Auf einmal beschwerten sich Ministerpräsidenten darüber, dass die Virologen ihnen keine klaren Handlungsempfehlungen gaben, oder aber Mitglieder der Bundesregierung monierten, dass ihre Berater zu neuen Schlussfolgerungen gelangten. Und Zeitungen attackierten Forscher für die deklarierte Vorläufigkeit der Ergebnisse zur Kritik veröffentlichten Studien, sobald deren spätere Fassungen einige frühere Annahmen relativierten.

Diese Beispiele erinnern an Konrad Adenauers Ausspruch vom »Geschwätz von gestern«, aber es handelt sich eben nicht um willkürliche Beliebigkeit, sondern um die notwendige Weiterentwicklung wissenschaftlichen Wissens in einer dynamischen Lage – gepaart mit einer allzu großen Bereitwilligkeit der Bürgerinnen und Bürger, auch einfachste Mutmaßungen so wahrnehmen zu wollen, als seien sie absolute Erkenntnisse.

Aus dem Glauben an die wissenschaftliche Beratung wurde auf einmal heftige Kritik. Wenn auch Wissenschaftlerinnen und Wissenschaftler mutmaßlich nur noch Meinungen unter vielen vertraten, konnte man sie ja auf dieselbe Stufe stellen wie die eigene Einschätzung der Lage. Dies war die Stunde der Verschwörungsideologen und Pseudoexperten – wenngleich oft in rationalistisch verbrämter Form, wie Yogeshwar schreibt: »Da erscheinen lange Aufsätze, die allen Ernstes vorrechnen, dass es diese Epidemie gar nicht gibt, sie sei lediglich ein Artefakt, das Ergebnis einer gestiegenen Testquote. Andere fragwürdige Studien und Interviews mit Scheinexperten behaupten, dass es keinen Shutdown brauchte oder dass das neue, unbekannte Virus weit weniger gefährlich sei als behauptet.

Selbst gewissenhafte Studien werden in Talkshows von Meinungsmachern uminterpretiert, und wissenschaftliche Laien attackieren Epidemiologen und ›schätzen die Zahlen anders ein, als es die Experten tun‹. In dieser Befreiungsphase wird wissenschaftliche Klarheit vernebelt. Die Kategorien des Für und Wider verschieben sich vom Rationalen ins Emotionale. Wissenschaftliche Argumente haben in dieser Konstellation keine Chance mehr.«

Es hat natürlich Gründe, wenn etwas plötzlich so vehement relativiert oder abgelehnt wird. Oft spiegelt sich darin die Enttäuschung darüber, dass man selbst vorher nur allzu gern an etwas geglaubt hat, das sich nun als etwas anderes entpuppt. Gerade wer vom wissenschaftlichen Wissen mehr Festigkeit erwartet hatte, ist nun verunsichert, weil er feststellen muss, dass auch hier keine ewigen Wahrheiten formuliert werden können, sondern methodisch abgesicherte und noch nicht widerlegte Annahmen.

Die hinter diesem Meinungsumschwung liegenden Mechanismen sind nicht neu, sondern prägen schon seit längerem die gesellschaftliche Beschäftigung mit wissenschaftlichen Statements: Diese werden entweder als wahre Aussagen über den beschriebenen Zusammenhang verstanden, oder aber die einschränkenden methodischen oder gar erkenntnistheoretischen Hinweise erzeugen den Eindruck nicht belastbarer Beliebigkeit. In beiden Fällen handelt es sich um eine Fehldeutung des wissenschaftlichen Diskurses in der öffentlichen Arena.

Im ersten Fall, in dem wissenschaftliche Annahmen zu leicht und voraussetzungslos für bare Münze genommen werden, wächst schnell die Enttäuschung, wenn andere

Forscher wie im Fall der ersten Ergebnisse der Heinsberg-Studie widersprechen oder sich derselbe Wissenschaftler auf Grundlage erweiterter Daten nach wenigen Tagen mit einer veränderten Aussage erneut zu Wort meldet. In beiden Szenarien werden die öffentlichen Bedürfnisse nach belastbarer Klarheit nicht erfüllt. Es drohen Enttäuschungen, wenn genau diese Erwartungen in der Vermittlung zuvor unbewusst oder bewusst geweckt wurden.

Wenn aber Wissenschaftlerinnen und Wissenschaftler von vornherein den relativen Charakter ihrer Aussagen betonen, droht die Gefahr, dass ihre wichtigen und wertvollen Annahmen gar nicht zur Kenntnis genommen werden. Auch solche Momente gab es seit Anfang des Jahres in der Berichterstattung und der Diskussion über die Coronakrise.

Die direkte Übertragbarkeit wissenschaftlicher Wissensproduktion in die Sphäre von Politik und Gesellschaft ist daher kaum möglich. Die Politik ist gut beraten, dieses Wissen zur Kenntnis zu nehmen und den Austausch mit Wissenschaftlerinnen und Wissenschaftlern zu suchen. Zugleich aber brauchen Politikerinnen und Politiker das Bewusstsein dafür, dass wissenschaftliche Expertise politisches Abwägen und Entscheiden nicht ersetzen kann. Selbst dann nicht, wenn die wissenschaftlichen Anregungen nicht aus einer Fachperspektive heraus formuliert worden sind, sondern – wie beispielsweise die Ad-hoc-Stellungnahmen der Leopoldina – um interdisziplinäre Breite bemüht sind.

Perspektivenvielfalt ist in jedem Fall wichtig. Wer einen Hammer in der Hand hat, sieht überall Nägel, die es in die Wand zu schlagen gilt, und wird mit einer Schraube vermutlich nichts anfangen können. Genauso ist es mit wissenschaftlichen Fachdisziplinen. In unserer hochgradig spezialisierten Welt haben einzelne wissenschaftliche Disziplinen sehr spezifische Blickwinkel auf die vor ihnen liegenden Probleme entwickelt. Wer einem Virologen vorwirft, dass er die gesellschaftlichen Folgen der Bekämpfung des Virus nicht ausreichend in den Blick nimmt, hat die Arbeitsweise des Mediziners nicht verstanden. Schließlich interessieren sich Virologen in erster Linie für das Virus und seine Entwicklung und eben nicht für seine sozialen Implikationen. Dieser breitere Blick auf das gesellschaftliche Infektionsgeschehen wird von den Epidemiologen geleistet. Ihr Wissen wiederum kann man sinnvoll ergänzen durch die Perspektiven beispielsweise der Soziologie, der Psychologie oder der Ökonomie. Die Debatten über das Coronavirus sollten uns deutlich gemacht haben, dass wir neben der fachlich präzisen Tiefe in der wissenschaftlichen Debatte immer auch eine praktische Breite brauchen, in der die sozialen und kulturellen Folgen öffentlich reflektiert werden.

Die eine, jeden Diskurs beendende wissenschaftliche Erkenntnis kann es jedenfalls nicht geben. Erst recht nicht zu Beginn einer neuen Entwicklung, wenn die Datenbasis schmal, die Modelle wackelig und die Theorien noch nicht formuliert sind. Auch Wissenschaftler sind immer nur Suchende. Wir tun gesellschaftlich gut daran, ihre Impulse und Erkenntnisse in ihrem besonderen Wert aufzunehmen und zur Grundlage unserer eigenen Überlegungen zu machen. Aber wir sollten uns von der Hoffnung verabschieden, dass sie uns die Abwägung und Entscheidung über das richtige Handeln abnehmen können. Sie können unsere Entscheidungen vernünftiger machen – und das ist schon eine ganze Menge.

DIE LOGIK DES KAPITALISMUS

Neben den gesundheitlichen und den gesellschaftlichen Auswirkungen des Coronavirus und seiner Bekämpfung standen schnell auch die ökonomischen Konsequenzen der gesellschaftlichen Vollbremsung im Zentrum der Debatte. Und es ist zu vermuten, dass sie dort auch hingehören und noch eine ganze Zeit verbleiben werden – aus einer Reihe von Gründen.

Schnell wurde in der Entwicklung einer Strategie zur Bekämpfung der Pandemie deutlich, dass nicht wenige der gesundheitsökonomischen Annahmen der letzten Jahre im Angesicht der neuen Herausforderungen nicht mehr zu halten waren. Vielen war noch die Forderung der Bertelsmann-Stiftung im Ohr, dass Deutschland eine Überkapazität an Intensivbetten vorhalte, die dringend abgebaut werden müsse. Mit Erleichterung wurde zur Kenntnis genommen, dass man sich damals nicht an den vermeintlichen Expertenrat gehalten hatte. Aber personelle und materialbezogene Engpässe zeigten dennoch schnell auf, wie sehr das Gesundheitssystem aus ökonomischen Effizienzerwägungen heraus »auf Kante genäht« war. Die Vermutung liegt nahe, dass die marktwirtschaftliche Steuerung zumindest von Teilen des Gesundheitswesens überhandgenommen hat und es andere Bewertungs- und Steuerungsmaßstäbe braucht.

Was sich im Kleinen in der Gesundheitspolitik anbahnt, gilt auch generell für unsere Volkswirtschaft. Es war und ist notwendig, die immensen ökonomischen Folgen der Entscheidungen zur Bekämpfung der Pandemie kurzfristig abzufedern – mit Schutzschirmen von Ländern und Bund ebenso wie mit Sozialschutzmaßnahmen wie Kurzarbeit und vereinfachter Grundsicherung. Selten ist in einer ökonomischen Krise so intensiv nicht nur über Soloselbstständige und Kleinstbetriebe, sondern auch über die Perspektive von Künstlerinnen und Kreativen gesprochen worden wie bei der Konzeption der Corona-Hilfsprogramme. Zu Recht, denn sie sind von den notwendigen Beschränkungen ganz besonders hart getroffen worden. Es ist ein gutes Signal, dass das Bewusstsein für die Lage der Kreativen mittlerweile geschärft ist. Aber wir alle wissen auch: Die Hilfsmaßnahmen können nur die unmittelbare Not mildern, einen vollständigen Ausgleich bieten sie nicht. Kein Staat der Welt kann allein die Rechnung für die Schäden des teilweisen Shutdowns übernehmen.

Die ökonomische Bremsspur wird uns daher trotz aller Rettungsschirme, Soforthilfen und Kreditprogramme noch eine ganze Weile beschäftigen. Die Wirtschaftsforschungsinstitute prognostizieren gravierende konjunkturelle Einbrüche und sind sich derzeit noch nicht einig, wie schnell eine Erholung gelingen wird. Außerdem droht ein »Niveauversatz«, das heißt, dass wir in vielen Branchen nicht zum Zustand vor der Krise zurückkehren werden, sondern dass sich Wertschöpfung und Wohlstand, Umsatz und Gewinne auch dauerhaft verschieben werden. Es wird, wie nach jeder Krise, Gewinner und Verlierer geben. Liebgewonnenes wird verschwinden, Neues wird entstehen.

Entscheidend aber ist: In der Krise hat sich gezeigt, wie belastbar der Primat der Politik gegenüber wirtschaftlichen Erwägungen ist. Binnen kürzester Zeit waren schließlich nicht nur gesellschaftliche, sondern auch ökonomische Freiheiten in einem Maße eingeschränkt, das in einer Gesellschaft kaum denkbar ist, in der nach Ansicht vieler der Markt die Spielregeln bestimmt.

Dass dies offensichtlich so nicht sein muss, deutete sich bereits in der weltweiten Finanzkrise 2009 an. Doch der Eindruck verstärkte sich noch einmal in den Monaten seit der ersten Corona-Infektionswelle im März 2020. Die Politik hat auf vielen Ebenen tief ins wirtschaftliche Geschehen eingegriffen und die Spielregeln justiert. Sie hat wirtschaftliche Betätigung untersagt, eingeschränkt, verändert, neu konturiert – weil sie das Ziel hatte, eine lebensbedrohliche Gefahr abzuwenden. Und die Zustimmung zu dieser Politik war groß – trotz der spürbaren Auswirkungen auch für viele Arbeitnehmerinnen und Arbeitnehmer, die in Kurzarbeit geschickt wurden oder gleich ganz ihren Arbeitsplatz oder ihre Beschäftigung verloren.

Der Zuspruch erklärte sich aus der Erwartung, dass die Einschränkungen notwendig und nur von vorübergehender Dauer sein würden und dass schon bald eine Normalisierung eintreten werde.

Aber es lohnt die Frage, welche Lehren wir aus der augenscheinlich doch erheblichen Durchsetzungskraft von

Politik und Gesellschaft gegenüber der marktwirtschaftlichen Steuerungslogik ziehen können. Die Reaktionen auf die Coronakrise haben gezeigt, dass Märkte tatsächlich keineswegs natürliche Gegebenheiten sind, sondern in ihrer Logik und Funktionsweise auf einer kulturellen, sozialen und politischen Rahmung beruhen, die sehr wohl unserer Gestaltung offensteht und mithin veränderbar ist.

Bereits seit einem Jahrzehnt ist ein Trend zu beobachten, der abrückt von der Annahme, dass man die Märkte nur machen lassen müsse, damit sich Wohlstand und Gerechtigkeit einstellen. Schon in den Wochen und Monaten nach dem Zusammenbruch von Lehmann Brothers 2008 wurden Forderungen laut, dass die Politik gegenüber der Wirtschaft wieder stärker in die Vorhand müsse. Damals allerdings ging es darum, nach einer Periode der individualisierten Gewinne an den globalen Finanzmärkten, die offensichtlich systemimmanente Sozialisation der Verluste möglichst gerecht abzufedern und zugleich Regeln zu vereinbaren, die die Wiederholung eines solchen wirtschaftlichen Schocks zumindest unwahrscheinlich werden ließen. Es durfte nicht sein, dass die Banken die Gewinne erfolgreicher Jahre in die eigene Tasche stecken, während sie die Rechnung in einem schlechteren Jahr der Gesellschaft zum Begleichen auf dem Tisch liegen lassen.

2020 aber geht es weniger darum, hinter Fehlern der Wirtschaft aufzukehren, als vielmehr darum, die neu gewonnenen Erfahrungen politischer und gesellschaftlicher Handlungsmacht in vernünftige wirtschaftspolitische Strategien zu übersetzen. Es geht um Kalibrierungen an einer kapitalistischen Profit- und Verwertungslogik, die zu unsensibel gegenüber notwendigen öffentlichen Gütern und der Gestaltung einer gerechten Gesellschaft geworden ist, als dass man sie einfach so weitermachen lassen könnte. Und es geht um die Anfälligkeit globaler Produktionsketten, bei denen wirtschaftliche Schwierigkeiten oder politisch vorgegebene Einschränkungen in weit entfernten Ländern zu erheblichen Problemen auch in der hiesigen Wirtschaft führen können. Wer Beispiele dafür braucht, dass die Regeln des Marktes längst nicht mehr nur den effizienten Einsatz von Ressourcen steuern, kann die Entwicklung der Preise für klinische FFP2- und FFP3-Atemschutzmasken heranziehen: Unmittelbar nach Ausbruch der Krise waren die Preise hier um 500 Prozent und mehr gestiegen. Angesichts der enorm gesteigerten Nachfrage war das nach Meinung nicht weniger Experten sogar noch ein moderater Anstieg. Zugleich aber zeigte es deutlich, dass es problematisch sein kann, die Versorgung mit überlebenswichtigem Material nur dem freien Markt zu überlassen.

Kombiniert mit dem Wettbewerb auf der Nachfrageseite zwischen unzähligen staatlichen und privaten Einrichtungen führte das zu einer Marktsituation, in der Knappheit an unzumutbaren Stellen entstand. Deutschland hat darauf mit dem Beschluss reagiert, eigene Fertigungskapazitäten aufzubauen. Wohlgemerkt: Es handelte sich um einen Beschluss des Corona-Kabinetts der Bundesregierung, nicht um eine freie unternehmerische Entscheidung.

Dieses Beispiel zeigt, warum wir in den kommenden Monaten und Jahren das Verhältnis zwischen Wirtschaft und Gesellschaft, zwischen Marktgeschehen und politischen Vereinbarungen neu klären müssen. Vor allem mit Blick auf die sogenannte Daseinsvorsorge werden wir neue Arrangements brauchen.

Spätestens seit Beginn der achtziger Jahre dominierte in den meisten Industriegesellschaften die Auffassung, dass die Logik des Marktes – die »unsichtbare Hand«, die zu den effizientesten und damit auch profitabelsten Entscheidungen führt – quasi ein Naturgesetz sei. Dabei sind die bis heute viel zitierten Überlegungen von Adam Smith nichts anderes als die Hypothesen eines Moralphilosophen, der großen Wert auf das Konzept der individuellen Handlungsfreiheit legte. Wer ihm nicht folgen wollte, begab sich viele Jahrzehnte lang in die Nähe der apokalyptischen Marktbetrachtungen von Karl Marx, der in einer automatischen Logik der Geschichte den Schlüssel zu sich erst zuspitzenden und dann kollabierenden Produktionsverhältnissen vermutete.

Weit weniger wirkmächtig sind zwischen diesen beiden Deutungsangeboten die Darstellungen von Karl Polanyi geblieben. Dabei hat er vor mehr als 75 Jahren in *The Great Transformation* kulturwissenschaftlich differenziert erklärt, warum Märkte in erster Linie Übereinkünfte zwischen Bürgerinnen und Bürgern sind.

Es lohnt, Polanyis Überlegungen heute noch einmal genauer zu lesen, wenn man sich kritisch mit dem Kapitalismus auseinandersetzen möchte, ohne gleich in marxistische Grundsatzüberlegungen abzugleiten. Denn der Hinweis darauf, dass Märkte eben keine naturgegebenen Umstände sind, sondern auf politischen und gesellschaftlichen Rahmenbedingungen ruhen, ist entscheidend, wenn man politisch nach Strategien sucht, wie man ihre Wirkweise verbessern und ihre Folgeschäden eindämmen kann.

Der französische Präsident Emmanuel Macron hat bereits im April 2020, als die ersten Beschränkungen des öffentlichen Lebens auch in Frankreich wirksam waren, in einem Interview mit der *Financial Times* darauf hingewiesen, dass es darauf ankäme, die Souveränität der Gesellschaft gegenüber den Marktmechanismen sicherzustellen. Öffentlich wird dieser Primat der Politik gegenüber dem Markt ja oft beschworen, aber selten schien seine Durchsetzung plausibler als im Umgang mit einer Krise, deren Bewältigung auch eine gravierende ökonomische Dimension hat, die wir gesellschaftlich aber offensichtlich bereit sind, in Kauf zu nehmen, weil wir andere Güter höher bewerten.

Wir haben im Umgang mit der Coronakrise erlebt, dass der politische Eingriff in den Markt möglich ist. Wir haben deutlich vor Augen geführt bekommen, dass die Organisation unseres wirtschaftlichen Lebens nur deshalb auf marktwirtschaftlicher Steuerung beruht, weil wir annehmen, dass das die effizienteste Organisationsform ist. Wenn das aber nicht mehr umstandslos unterstellt werden kann, dann müssen wir darüber reden.

Denn es lässt sich zeigen, dass es durchaus auch andere soziale und kulturelle Vereinbarungen darüber gibt, wie Waren so getauscht werden können, dass alle davon profitieren. Und auch wir erleben spätestens seit März 2020, dass wir es als Gesellschaft in der Hand haben, wie wir Warenproduktion und -austausch organisieren wollen, um unseren gesellschaftlichen Vorstellungen gerecht zu werden. Die Annahme, dass sich der Markt so weit von jeder politischen und gesellschaftlichen Gestaltung entfernt habe, dass er für alternative Ideen nicht mehr erreichbar wäre, hat sich augenscheinlich als nicht zutreffend erwiesen. Vielmehr stehen wir gemeinsam vor der Aufgabe, die Rahmenbedingungen der Waren- und Dienstleistungsmärkte neu zu definieren. Die Grundlagen und Regeln einer sozialen und ökologischen Marktwirtschaft werden schließlich auch von den Bürgerinnen und Bürgern derjenigen Gesellschaft bestimmt, die sich für dieses Steuerungsmodell ihrer Ökonomie entscheidet.

Das bedeutet nicht, dass es sinnvoll wäre, die funktionale Differenzierung und Spezialisierung in unserer Gesellschaft aufzugeben und auch die Wirtschaft einfach politischen Vorgaben zu unterwerfen. Schnell und durchaus zu Recht wurden in der Krise jene Stimmen laut, die angesichts der gravierenden Einschnitte in die wirtschaftlichen Freiheiten für eine schnelle Rückkehr zu marktwirtschaftlichen Freiheitsvorstellungen plädierten, weil es die Mechanismen der freien kapitalistischen Wirtschaft seien, die – wenn sie möglichst ungehindert wirken – wieder zu einer schnellen Wohlstandsvermehrung führen könnten. Und das ist auch keineswegs falsch, weil sich marktwirtschaftliche Logiken tatsächlich als besonders effizient in der Steuerung unserer materiellen Ressourcen erwiesen haben. Wenn wir uns an die notwendige Transformation unserer Wirtschaft machen, um die Chancen digitaler Technologien und globaler Vernetzung stärker zu nutzen, dann brauchen wir dazu eben nicht nur marktwirtschaftliches Denken, sondern auch wissenschaftliches Wissen und politische Entscheidungen. Innovationen entstehen meistens in komplexen Clustersituationen.

Wir sollten nach den Erfahrungen des Jahres 2020 sensibler dafür sein, dass die Marktlogik in einem Konflikt zu anderen Aspekten unserer Vorstellungen einer guten und gerechten Gesellschaft stehen kann. Sie hat nur dann Sinn, wenn man bereit ist, außer Acht zu lassen, wie sich die Wohlstandsgewinne innerhalb unserer Gesellschaft verteilen, und wenn man sich nicht dafür interessiert, für einen gerechten Ausgleich zu sorgen.

Genau diese Fragen aber rücken in einer tiefgreifenden Rezession besonders in den Blick. Und wenn Unternehmen nach staatlicher Unterstützung fragen, wenn soziale Sicherungssysteme die materielle Basis einer Gesellschaft gewährleisten müssen und wenn wir nur gemeinsam und in solidarischer Verbundenheit zueinander in der Lage sind, die aktuelle Situation weitgehend unbeschadet durchzustehen, dann ist es mehr als legitim, darüber zu debattieren, unter welchen Bedingungen wir die Wirtschaft unserer Gesellschaft organisieren wollen, das heißt, wie wir die sinnvollen und wirksamen Mechanismen des Marktes so einbetten, dass sie den Zielen dienen, auf die wir uns verständigen. Und dass niemand mehr die Sorge haben muss, dass marktwirtschaftliche Logik die humanistische und soziale Kultur unserer Gesellschaft zu kolonialisieren droht.

Eine Gesellschaft, die die Lektion der neuen Solidarität in der Krise gelernt hat und daraus Schlussfolgerungen auch für ihr ökonomisches Gebaren zieht, wird den Markt anders organisieren als bisher. Sie wird stärker auf die Teilhabe am Wohlstand achten und Vorstellungen einer gerechten Verteilung größeres Gewicht beimessen. Sie wird darauf achten, dass die Vereinbarungen über soziale Sicherungssysteme stabiler und gesellschaftlich steuerungsfähiger umgesetzt werden als in der Vergangenheit. Und sie wird genauer prüfen, in welchen gesellschaftlichen Lebensbereichen sie die kapitalistische Landnahme, die Karl Marx einmal beschrieben hat, sprich: die Umpolung der Steuerung auf eine kapitalistische Profitlogik, zur Effizienzsteigerung zulassen will.

Die Balance zwischen ökonomischer Effizienz und gesellschaftlicher Solidarität ist immer eine prekäre. In Krisenzeiten ergibt sich die Chance der neuerlichen Bewertung bereits gefundener Kompromisse. In einer Welt, deren Ökonomie an vielen Stellen jedem menschlichen und gesellschaftlichen Maß entwachsen ist – wenn man beispielsweise an die internationalen Finanzmärkte oder die modernen Plattform-Ökonomien denkt –, steht eine solche Neubewertung dringend an.

Sie wird dazu führen, dass wir klarere politische Spielregeln vereinbaren und dass wir uns auch trauen, ins marktwirtschaftliche Getriebe einzugreifen, wenn es droht, nur noch nach eigenen Gesetzmäßigkeiten zu funktionieren, ohne gesellschaftlich gewünschte Werte zu produzieren. Die entdifferenzierende Kraft des Virus wird auch Folgen hinsichtlich unserer Akzeptanz für funktionale und systemische Borniertheiten haben. Wir werden wieder stärker nach dem gesamthaften Sinn fragen. Eine Frage, auf die der Markt oft keine zufriedenstellende Antwort formulieren kann.

DIE ROLLE
DES STAATES

Krisen sind Zeiten der Exekutive. Diesen Satz konnte man im Frühjahr 2020 oft lesen in Leitartikeln und Berichten über die Bekämpfung des Coronavirus. Ausweislich demoskopischer Daten sind parallel zu den Eingriffen ins öffentliche Leben die Zustimmungswerte der zentralen Mitglieder des Bundeskabinetts sprunghaft gestiegen, ebenso die Umfragewerte der Regierung insgesamt. Eine große Mehrheit der Bürgerinnen und Bürger war mit dem Krisenmanagement zufrieden. Die im Jahr zuvor noch recht deutliche Kritik an der Koalition von CDU/CSU und SPD ist in dieser Phase der Anerkennung professioneller Arbeit gewichen. So weit, so wenig außergewöhnlich – schließlich fand in dieser Phase eine politische Debatte über Alternativen praktisch kaum statt.

Natürlich profitieren die Regierungsverantwortlichen davon, dass sie Einschränkungen verkünden, Hilfspakete schnüren, Nachtragshaushalte entwerfen oder einfach nur erklären können, was eigentlich los ist im Land. Aber das allein erklärt nicht diese Zustimmung. Vielmehr rückt der Staat als gesellschaftliche Gestaltungsmacht neu in den Blick. Wenn das Zutrauen in den Markt sinkt, wenn zeitgleich neue Bedrohungen des gesellschaftlichen und individuellen Wohlergehens sichtbar werden, dann wird der Staat als Schutz gegen die Gefahr bedeutsamer.

Und es gibt durchaus gute Gründe, dass das nicht nur eine zeitweilige Bedeutungsverschiebung ist: Die klassische Betrachtung, der zufolge der Staat nichts der Gesellschaft Äußerliches ist, sondern vielmehr das Instrument, mit dem wir unser Zusammenleben gestalten, ist in den letzten Jahren zunehmend unter Druck geraten. Vielleicht erlebt sie gerade eine Renaissance.

Lange Zeit war es weitgehend Konsens, den Staat als die Einrichtung zu betrachten, die es ermöglichte, vereinbarte Regeln um- und durchzusetzen. In ihm verkörperte sich der ideale Wille der Gesellschaft. Diese Vorstellung, dass der Staat ein wichtiges Mittel sein kann, um Freiheit zu ermöglichen, Gerechtigkeit herzustellen und Solidarität zu sichern, war auf dem europäischen Kontinent durchaus verbreitet. Aber sie erhielt spätestens seit den achtziger Jahren Konkurrenz von einem angelsächsischen Staatsverständnis, dem zufolge die staatlichen Institutionen der Gesellschaft äußerlich sind und Freiheiten potenziell beschränken.

Doch das verglichen damit beinahe romantisch anmutende kontinentaleuropäische Verständnis des Staates hat in den letzten Monaten wieder an Attraktivität gewonnen. Insbesondere in den ersten Monaten der Coronakrise wurde der Staat als *die* gesellschaftliche Instanz adressiert, die am ehesten in der Lage ist, das Gemeinwohl unserer Gesellschaft – in der aktuellen Situation: die Gesundheit der Bürgerinnen und Bürger – zu gewährleisten, ohne dabei problematische Kompromisse eingehen zu müssen.

Viele Einschränkungen des wirtschaftlichen und öffentlichen und kulturellen Lebens konnten ohne gesellschaftliche Debatte verkündet werden, weil sie den Empfehlungen der wissenschaftlichen Experten entsprachen. Dass sie anfänglich nicht auf Widerstand stießen, dürfte nicht nur mit universitärer Autorität, sondern auch mit dieser etatistischen Renaissance zu tun haben. Wenn die gewohnten Mechanismen versagen, dann ist in einer demokratischen Gesellschaft der Staat offensichtlich doch noch eine belastbare Instanz des Vertrauens.

Offen ist, ob dieses gewachsene Vertrauen in staatliche Entscheidungen und Programme nur eine Episode bleibt oder ob eine längerfristige normative Verschiebung dahintersteht. Immerhin erleben wir seit Ausbruch des Virus einen Staat, der beherzt in Bereichen reguliert, die wir noch vor kurzem seinem Zugriff entzogen wähnten. Plötzlich werden Freiheitsrechte selbst im privaten Umfeld eingeschränkt, finden sich Verstaatlichungsideen in den Instrumentenkästen der Rettungspakete und werden Politikerinnen und Politiker als Orakel der weiteren Entwicklung befragt.

Wie sehr die Autorität des Staates gewachsen ist, zeigte sich exemplarisch, als Angela Merkel Mitte April mit einer sarkastischen Äußerung eine ganze Debatte neu prägte: Berichten zufolge kritisierte sie in einer Telefonschalte des CDU-Präsidiums die »Lockerungsdiskussionsorgien«, zu denen es nach dem gemeinsamen Beschluss mit den Ministerpräsidentinnen und Ministerpräsidenten über die ersten Öffnungen nach dem fünfwöchigen teilweisen Shutdown gekommen sei. Der Begriff schlug ein. Dabei besagte er mutmaßlich etwas Ungeheuerliches: Die Kanzlerin schien sich darüber zu beschweren, dass in einer offenen Gesellschaft die Bedingungen der Freiheit und die Erweiterung der Freiheitsräume diskutiert werden. Schnell verwahrte sie sich gegen diese Lesart ihrer Aussage, aber ein unangenehmer Nachgeschmack blieb: Kann es wirklich sein, dass wir mittlerweile die Erlaubnis der Bundeskanzlerin brauchen, um ein gesellschaftlich eminent wichtiges Thema öffentlich zu diskutieren?

Natürlich nicht! Und das hat die Bundeskanzlerin seitdem auch wiederholt deutlich gemacht. Aber in ihrer Kritik steckt ein bedenklicher Kern: Sie polt das Verhältnis von Staat und Gesellschaft um. Normalerweise gehen wir davon aus, dass alles erlaubt ist, was nicht explizit verboten ist. Plötzlich aber stand eine Lesart im Raum, der zufolge alles verboten ist, was nicht explizit vom Staat erlaubt wird. Diese autoritäre Fiktion fand in einer demokratischen Gesellschaft natürlich schnell und zu Recht vehementen Widerspruch. Aber als Denkfigur ist sie bis heute in vielen Debatten darüber präsent, wie ein Leben unter den Bedingungen des Virus auch mittelfristig organisiert werden kann. Insbesondere die Diskussionen um die Verordnungen, mit denen die Beschränkungen des öffentlichen Lebens rechtstechnisch umgesetzt wurden, waren von derartigen Annahmen geprägt.

Dieser Geist widerspricht nicht nur dem freiheitlichen Konsens unserer Gesellschaft, er ist darüber hinaus auch darauf angelegt, das gerade gewachsene Vertrauen in staatliches Handeln wieder zu zerstören, wenn ein paternalistisch handelnder Staat seine Bürgerinnen und Bürger nicht nur vom falschen Handeln abhalten, sondern auch noch zum richtigen Handeln zwingen will. Dass diese Interpretation überhaupt naheliegt, zeigt zum einen, wie weit sich die in den letzten Jahren allerorten diagnostizierte Krise des Liberalismus in unsere Gesellschaft gefressen hat. Sie verdeutlicht darüber hinaus aber auch, wie sehr der Einfluss und das Ansehen des Staates gestiegen und seine Repräsentanten zu beinahe moralischen Instanzen geworden sind. Aber diese neue Stärke ist brüchig und kann schnell erschüttert werden, wenn staatliches Handeln sich außerhalb der Gesellschaft verortet.

Hinzu kommt, dass sich parallel zu den ersten Lockerungen der teilweisen Shutdown-Maßnahmen im Mai 2020 eine merkwürdige Melange von rechten Gruppierungen, Impfgegnern und Verschwörungsideologen zu Protestaktionen gegen die staatlichen Auflagen zusammenfand. Es klingt immer hohl, wenn vom rechten Rand aus bürgerliche Freiheiten eingefordert werden, aber die Thesen von einer vermeintlichen Verschwörung zur Unterjochung unserer Gesellschaft waren besonders unappetitlich. Der Protest richtete sich unverhohlen gegen die breite Akzeptanz, die der demokratische Rechtsstaat gerade in der Krise erfahren hatte.

Dieses Vertrauen in den Staat ist wesentlich dafür, die gewachsenen politischen Gestaltungsspielräume zu erhalten. Vielleicht besteht sogar die Möglichkeit, einen »New Deal« zu formulieren, der ähnlich wie das große Vorbild von Franklin D. Roosevelt das Gefüge zwischen Gesellschaft, Wirtschaft und Staat neu ordnet.

Die Voraussetzungen dafür sind geschaffen worden: Seit Ausbruch der Corona-Pandemie war die Bewältigung der Krise in Deutschland von großer Professionalität und Ernsthaftigkeit geprägt. Bürgerinnen und Bürger wurden als verantwortungsbewusste Menschen angesprochen, die einsichtsfähig sind in die Notwendigkeit der Beschränkungen. Dieser Weg unterscheidet sich grundlegend von den eher obrigkeitsstaatlichen Herangehensweisen in anderen europäischen Ländern, sichert aber zugleich ein Verhältnis zwischen Gesellschaft und Staat, das die Institutionen der Politik als Bestandteile des sozialen Miteinander erscheinen lässt. Das Politische ist demnach tatsächlich ein Ergebnis gesellschaftlicher Übereinkünfte und nicht bloß ein mit Macht durchgesetztes rechtliches Regime.

Diese sehr spezifische Grundlegung der weitreichenden Eingriffe in das alltägliche Leben ließ diese zunächst besser begründet und präziser orientiert erscheinen, als die oftmals späten und dann umso drastischeren Reaktionen auf das Virus in anderen Ländern.

Lediglich die bisweilen vernehmbare föderale Kakophonie der unterschiedlichen Beschlüsse und Konzepte sorgte für Zweifel an der Leistungsfähigkeit unseres politischen Rahmens. Rückblickend betrachtet aber haben sich alle Länder auch in den vermeintlich unübersichtlichen Situationen in einem sehr engen Korridor bewegt, der überdies den notwendigen Spielraum für regional notwendige Anpassungen gelassen hat. Manche Kritik am Föderalismus jedenfalls war eher rituellen Reflexen (und wohl auch dem Gebaren vor allem mancher Ministerpräsidenten) geschuldet und weniger echten Defiziten im staatlichen Aufbau.

Die Frage aber ist, welche Rolle wir dem Staat künftig zuweisen wollen. Ob wir seine derzeit gewachsene Stärke bewahren und nutzen oder aber minimieren wollen, können wir nur als Gesellschaft freier und gleichberechtigter Bürgerinnen und Bürger beantworten. Es spricht vieles dafür, dass ein starker Staat in einer solidarisch lebendigen Gesellschaft ein wichtiger Garant von Freiheit und Gerechtigkeit sein kann. Jedenfalls ist er ein kraftvolles Instrument einer Gesellschaft, die willens und in der Lage ist, die eigenen Belange in die Hände zu nehmen.

Allzu oft aber haben in den letzten Jahren keine politischen, sondern vor allem wirtschaftliche und machtbezogene Faktoren darüber entschieden, ob eine Idee umsetzbar ist. Es macht einen Unterschied, ob am Ende die Frage nach der Bezahlbarkeit oder aber die nach dem besseren und sinnvolleren Argument den Ausschlag gibt. Den Primat der Politik durchzusetzen heißt daher auch, der gesellschaftlichen Meinungs- und der staatlichen Willensbildung einen besonderen Rang zuzuweisen und in ihnen nicht bloß Erfüllungsgehilfen wirtschaftlicher Logiken zu sehen.

Wir haben seit Beginn der Coronakrise sehen können, dass unser Staat dazu fähig ist, Ideen in der Gesellschaft durchzusetzen. Die dafür notwendige Einsicht muss nicht schockartig erfolgen. Sie kann auch aus gesellschaftlicher Diskussion wachsen.

Es ist daher gut möglich, dass die Stärkung des Staates bleiben wird – mit allen Ambivalenzen, die das bedeuten kann. Wenn wir die daraus entstehenden Handlungsoptionen nutzen wollen, dann werden wir zugleich darauf achten müssen, dass uns der Staat nicht als allmächtiger Leviathan gegenübertritt, sondern dass die staatlichen Instrumente in gesellschaftliche Bezüge eingebettet sind und bleiben. Sie sind Organe einer Gesellschaft, die danach strebt, ihre eigenen Angelegenheiten eigenständig und damit auch nach eigener Logik zu gestalten. Dabei kann übrigens die föderale Struktur unseres Landes sehr wohl helfen, weil sie die Macht nicht in zentralen Organisationen bündelt, sondern dafür sorgt, dass überall vor Ort regionale Besonderheiten berücksichtigt werden können. Wer diese Vielfalt und Nähe möchte, muss dann aber auch akzeptieren, dass es in dieser Vielfalt ähnlicher, aber nicht identischer Lösungsansätze aus der Gesamtsicht bisweilen etwas unübersichtlich werden kann. In der Phase der differenzierten Reaktion auf regionale Infektionsherde sind selbstständige Länder und Kommunen eine ausdrückliche Stärke, weil sie angemessenes staatliches Handeln ermöglichen.

Der Staat muss trotz dieser Vielfalt die Kraft haben, widersprüchliche Erwartungen an das Zusammenleben nicht bloß zu moderieren, sondern auch in einen konkreten gesellschaftlichen Rahmen zu stellen. Wie dieser Rahmen aussehen kann, bestimmen in einer Demokratie die Bürgerinnen und Bürger.

DIE GLOBALITÄT
UNSERES DASEINS

Zu den erschütternden Erfahrungen der Coronakrise gehört die Geschwindigkeit, mit der viele Nationalstaaten bereit waren, ihr Denken und Handeln wieder auf die räumlichen Grenzen ihres Staatsgebietes zu beschränken. Manchmal wurde das Karo sogar noch kleiner: Innerhalb Deutschlands schien es am Osterwochenende des Jahres 2020 unmöglich, die Grenze zwischen Hamburg und Schleswig-Holstein zu überqueren – als wären wir wieder in der Kleinstaaterei des Heiligen Römischen Reiches Deutscher Nation angelangt.

Über solche regionalen Absonderlichkeiten hätte man lächeln können, wenn sie nicht im Kleinen eine beängstigende Entwicklung im Großen gespiegelt hätten. Es war nämlich in diesen Tagen kaum auszuhalten, wie unumwunden das Bewusstsein für die Stärke der Zusammenarbeit und für multilaterale Errungenschaften beiseitegewischt und durch nationale Egoismen ersetzt wurde.

Diese Entwicklung überraschte angesichts des Umstandes, dass sich das Coronavirus in seiner Verbreitung nicht um nationale Grenzen kümmerte. Das Pandemiegeschehen war schon kurz nach den ersten chinesischen Fällen global verbreitet und stellte überall auf der Welt die Regierungen und Gesellschaften vor fundamentale Herausforderungen.

Der Historiker Yuval Noah Harari hatte in seinem bereits zitierten Artikel in der *Financial Times* vom 20. März darauf hingewiesen, dass die Frage, ob wir das Virus in globaler Zusammenarbeit oder in nationalstaatlicher Vereinzelung bekämpfen wollen, von zentraler Bedeutung ist. Er schrieb:

»Sowohl die Epidemie selbst als auch die daraus resultierende wirtschaftliche Krise sind globale Probleme. Effektiv gelöst werden können sie nur global. Zur Bekämpfung des Virus brauchen wir allem voran den globalen Austausch von Informationen. Das ist der große Vorteil, den Menschen gegenüber Viren genießen. Ein Coronavirus in China und ein Coronavirus in den USA können sich nicht gegenseitig Tipps geben, wie sie die Menschen am besten infizieren. Aber China kann den USA mitteilen, welche Lehren sie aus der Bekämpfung des Virus gezogen haben. Wenn ein italienischer Arzt in Mailand am Morgen eine wichtige Entdeckung macht, kann das am Abend das Leben von Patienten in Teheran retten. Wenn die britische Regierung schwankt zwischen dieser oder jener Maßnahme, kann sie Ratschläge von den Koreanern bekommen, die Monate früher bereits vor einem ähnlichen Dilemma standen. Aber damit es dazu kommt, brauchen wir einen globalen Geist der Zusammenarbeit und des Vertrauens.«

Die Notwendigkeit der Zusammenarbeit umfasse auch den Umgang mit medizinischen Ressourcen, mit ökonomischen Konsequenzen der Pandemie und mit den Erfordernissen multilateraler Zusammenarbeit, so der Historiker.

Diese Erkenntnis ist nicht neu. Wir haben in den letzten Jahrzehnten ein komplexes Gefüge internationaler Organisationen aufgebaut, die Ausdruck dieser Einsicht sind. Aber schon vor Corona sind multilaterale Foren der Zusammenarbeit unter Druck geraten, weil populistische Regierungen in vielen Ländern einen Rückzug auf nationalstaatliche Mechanismen propagieren. In der aktuellen Krise ist dieses Netzwerk deshalb vielfach nicht nur nicht genutzt, sondern in seiner Leistungsfähigkeit noch weiter geschwächt worden. Dass US-Präsident Donald Trump der Weltgesundheitsorganisation (WHO) die Beiträge der USA strich, passte da ins Bild.

Die internationalen oder multilateralen Organisationen von den Vereinten Nationen bis zur Europäischen Union waren im Frühjahr 2020 zunächst beunruhigend still. Und auch aus den internationalen Verhandlungsforen der G7 oder G20 kamen zunächst keine nennenswerten Impulse. Dass die Bekämpfung einer globalen Pandemie wie die ausschließliche Aufgabe nationalstaatlicher Regierungen erschien, war ein gravierendes Krisensignal zum Zustand globaler Politikfähigkeit.

Denn statt aus der globalen Herausforderung den Schluss zu ziehen, dass koordinierte Antworten vermutlich wirksamer sind als nationalstaatliche Alleingänge, handelte jede Regierung auf eigene Faust. Nicht weil das die rationale Herangehensweise an die pandemische Herausforderung gewesen wäre, sondern weil es angesichts der Verteilung der jeweiligen Ressourcen des Handelns nur allzu nahe lag.

Die exekutiven Durchgriffsmöglichkeiten sind nämlich immer noch am ehesten bei nationalen Regierungen verortet und lassen sich nicht so leicht trans- oder gar supranational rekonstruieren. Nationalstaatliche Regierungen verfügen über den vollen Apparat einer staatlichen Verwaltung. Sie sind eher in der Lage, Antworten auf eine Herausforderung nicht nur zu formulieren, sondern auch durchzusetzen.

Aber es verwundert dennoch, dass noch nicht einmal diskutiert wurde, ob diese Lokalisierung sinnvoll ist, wenn die Herausforderung global ist und abstrakte politische Zuordnungen überschreitet. Starre Grenzen haben in dynamischen Situationen meist wenig Sinn, wie das Geschehen in vielen europäischen Grenzregionen in den letzten Monaten gezeigt hat. Hier wäre es wünschenswert gewesen, regionale Besonderheiten auch unabhängig von nationalstaatlichen Perspektiven konkret berücksichtigen zu können und in den Zusammenhängen zu kooperieren, die sich aus der jeweiligen Problemlage heraus ergeben.

Doch die Reflexe der internationalen Politik verhinderten eine derart flexible Herangehensweise. Sie ähnelten jenen Reaktionen, die wir in den zurückliegenden Jahren immer wieder auch in anderen Krisen erleben mussten. Im zurückliegenden Jahrzehnt haben sich in Europa viele Versuche, die supranationale, also überstaatliche Ebene parallel zur transnationalen, also regionalen Ebene zu stärken, als überwiegend fruchtlos erwiesen.

Es war nicht zuletzt auch die deutsche Bundesregierung unter Angela Merkel, die in den vergangenen anderthalb Jahrzehnten viele Entscheidungen aus der Kommission und aus dem Parlament in den Europäischen Rat verlagert hat – und damit in das Gremium, in dem die nationalen Regierungen zusammensitzen. Es darf nicht verwundern, dass es in solch einem Rahmen weniger um die europäische Gesamtperspektive, sondern mehr um die Egoismen der Heimatländer geht. Dieser Intergouvernementalismus hat Europa in den letzten Jahren sicherlich nicht gestärkt und hat erst recht nicht dazu beigetragen, dass sich Europa als eigene politische Idee, als gesellschaftlicher Lebensraum oder als politischer Verständigungsrahmen festigen konnte.

Es dürfte daher auch kein Zufall gewesen sein, dass die Mitgliedstaaten der EU auf dem Höhepunkt der Coronakrise wochenlang nicht in der Lage waren, sich darauf zu verständigen, unbegleitete minderjährige Flüchtlinge aus dramatisch überfüllten griechischen Lagern herauszuholen. Auch hier dominierte eine lokal bezogene Kirchturmpolitik das notwendige Bewusstsein für eine humanitäre Aufgabe.

Dass hier Veränderungen nötig sind, ist nur allzu offensichtlich: Europa nicht nur als ein Verhandlungsforum der Regierungen zu betrachten, sondern als eine eigene und eigenständige politische Einheit, ist von entscheidender Bedeutung, wenn wir die europäische Stimme im globalen Diskurs stärken wollen. Der deutsche Vizekanzler Olaf Scholz hat recht, wenn er sagt, dass Europa die zentrale nationale Frage Deutschlands sein müsse. Erst in Europa realisieren sich die Möglichkeiten, die wir zur Durchsetzung unserer Interessen und unserer Wertvorstellungen in der Welt heute politisch brauchen. Zugleich ist eine gestärkte europäische Ebene auch die Voraussetzung dafür, die regionale Perspektive innerhalb Europas zu festigen, um Bürgernähe und globale Durchsetzungskraft zu stärken.

Eine weitere Lehre aus der Coronakrise lautet, dass wir die Robustheit und Resilienz der Foren internationaler Politik ebenso weiterentwickeln müssen wie die Institutionen supranationaler Politikgestaltung. Bei der nächsten globalen Herausforderung muss eine globale politische Bearbeitung der Krise möglich sein. Die alte Beobachtung der Globalisierungsforschung, dass sich auch die Politik entgrenzen müsse, wenn es die Märkte tun, stimmt im Angesicht einer globalen Pandemie umso mehr. Das politische Handeln muss konkret vor Ort wirksam werden, aber angesichts einer globalen Herausforderung sind ergänzend globale politische Abstimmung und Perspektive dringend angeraten.

Mit einer taumelnden US-amerikanischen Supermacht unter einem nicht nur in der Krise erratisch und isolationistisch agierenden Präsidenten Donald Trump, einer russischen Hegemonialstrategie im regionalen Kontext und einem chinesischen Machtexpansionismus aber ließ sich solch dramatischen Herausforderungen kaum beikommen. Es wäre daher die Stunde der Europäischen Union gewesen, eine neue kooperative und von den Werten der Verständigung und Zusammenarbeit getragene Politik zu formulieren. Schon der Prozess, in dem ein solcher Entwurf zwischen 27 Mitgliedstaaten entstehen würde, könnte zeigen, wie internationale Zusammenarbeit gelingen kann.

Doch bislang ist die Europäische Union als globale Führungsmacht weitgehend ausgefallen. Ihre innere Krise reicht tiefer, als es die zähen Verhandlungen über den Brexit oder die Gräben zwischen nord- und südeuropäischen Staaten hinsichtlich der Haushalts- und Sozialpolitik und zwischen den west- und osteuropäischen Staaten hinsichtlich der Rolle des Staates und der bürgerlichen Freiheiten annehmen lassen.

Es liegt auf der Hand, dass die europäischen Staaten vor der immensen Herausforderung stehen, ihre Zusammenarbeit so grundlegend und so schnell zu festigen, dass sie gemeinsam wieder zu einem Akteur auf globaler Ebene werden können. Nur so verhindern es die demokratischen Gestaltungsmächte unter den Nationen, dass sich autokratische Regime nicht nur als besonders effektive Bollwerke gegen eine Krise inszenieren können, sondern außerdem noch mit symbolischen Hilfegesten neue Loyalitäten schaffen.

Ohne gemeinsames Handeln jedenfalls steht zu befürchten, dass der Trend zum nationalen Isolationismus weitergehen wird und weitere internationale Institutionen lahmgelegt werden. Ohne gemeinsames Handeln drohen neue globale Hegemonialstrategien, die auf bilaterale Vereinbarungen setzen, um die Kräfte grenzüberschreitender Verständigung auf eine gemeinsame europäische oder gar globale Politik weiter zu schwächen.

Dabei bräuchte es gerade jetzt Foren und Institutionen, die nicht allein durch politische und ökonomische

Macht bestimmt werden, sondern die auch Raum, Gelegenheit und Verbindlichkeit garantieren, um zwischen den Staaten zu vernunftbasierten Übereinkünften zu gelangen.

Yuval Harari beschreibt daher zugespitzt die Reichweite der vor uns liegenden politischen und diplomatischen Entscheidungen: »Wir müssen uns als Menschheit entscheiden. Wollen wir den Weg der Uneinigkeit gehen, oder wollen wir den Weg der globalen Solidarität nehmen? Wenn wir uns für die Uneinigkeit entscheiden, verlängert das nicht nur die Krise, sondern es wird uns unweigerlich zu weiteren, noch schlimmeren Katastrophen führen. Wenn wir uns für globale Solidarität entscheiden, dann bedeutet das nicht nur den Sieg über das Coronavirus, sondern über alle weiteren Epidemien und Krisen, die auf die Menschheit im 21. Jahrhundert noch zukommen werden.«

Es wird eine der entscheidenden Debatten über die Lehren aus der Coronakrise werden, wie wir im nächsten internationalen Krisenfall verhindern, dass wieder Grenzen geschlossen und Schlagbäume heruntergelassen werden, nur weil Regierungen unter dem Inszenierungsdruck eigener Handlungsfähigkeit nicht mehr daran glauben, dass sie das internationale Ringen um vernünftige Lösungen und die sich daran anschließenden Kompromisse vor dem heimischen Publikum erklären können.

Wie stärken wir den Zusammenhalt und die politische Eigenständigkeit der Europäischen Union? Wie sichern wir die Kooperation in den Vereinten Nationen und in so wichtigen Zusammenschlüssen wie der Weltgesundheitsorganisation (WHO) oder der Welthandelsorganisation

(WTO)? Wer etabliert sich als neues Kraftzentrum der Weltpolitik – das staatsmonopolistische China oder ein sozial und demokratisch orientiertes Europa? Diese Fragen bedürfen dringend der Diskussion, wenn wir aus der Erfahrung globaler Nähe im Angesicht eines unsichtbaren Virus unsere globale Politikfähigkeit verbessern wollen.

DIE
PERSPEKTIVEN

Es ist zu früh, um ein Fazit zu ziehen. Zum Zeitpunkt der Fertigstellung dieses Textes befindet sich die gesellschaftliche Auseinandersetzung mit dem Coronavirus und seinen Folgen erst in der Anfangsphase. Es ist noch nicht abzusehen, ob es zu weiteren Infektionswellen kommen wird, die neuerliche gesellschaftliche Einschränkungen nach sich ziehen. Auch die längerfristigen Folgen des ersten Shutdowns seiner Art sind bislang kaum abzusehen. Und von welcher Qualität die viel beschworene neue Normalität sein wird, darüber lässt sich ebenso trefflich debattieren wie über die Frage, welche gesellschaftliche Kritik diese neue Zeit noch auslösen wird.

Genau diese Offenheit der Situation – die Unklarheit, ob es eine Rückkehr zum Status quo ante geben wird oder eine völlig neue Situation – war die Hauptmotivation dafür, diesen Text zu verfassen. Denn schon sehr früh zeichneten sich die Themen ab, mit denen wir uns in Gesellschaft, Politik und Kultur werden beschäftigen müssen, wenn wir den Schock des Virus verarbeiten wollen.

Was unsere Gesellschaft im Inneren ausmacht, wie wir politisch handlungsfähig werden, wie wir die manchmal zerstörerischen Kräfte des Marktes besser kontrollieren und wie wir zur Zusammenarbeit in der Welt finden – das sind Fragen, die den politischen Raum seit Jahrzehnten bewegen. Die Coronakrise hat uns also keine neuen Fragen gestellt, aber sie hat uns verdeutlicht, wie wichtig es ist, dass wir uns um Antworten kümmern, die auf der Höhe der Zeit sind.

Wir haben seit Ausbruch des Virus in Deutschland gleichermaßen erleben können, wie fragil so manche Übereinkunft ist, die wir für in Stein gemeißelt hielten, *und* zu welchen weitreichend vernünftigen Handlungen wir gesellschaftlich fähig sind, wenn wir uns dazu herausgefordert sehen. Trotz der teilweise schrecklichen Erfahrungen der ersten Jahreshälfte, des zum Teil kaum vorstellbaren Leids, des großen Sterbens in manchen Regionen der Erde, kann diese Widerstandskraft unserer Gesellschaft durchaus zuversichtlich stimmen. Sie zeigt, dass wir dazu fähig sind, unser Zusammenleben zu ändern und an neue Herausforderungen anzupassen. Sie zeigt auch, dass eine bessere Gesellschaft möglich ist.

Neben der medizinischen und der ökonomischen Herausforderung liegt damit vor allem eine kulturelle Aufgabe vor uns. Dieser Aspekt ist in den ersten Wochen der Pandemiebekämpfung ein wenig zu kurz gekommen, weil das Krisenmanagement zunächst vor allem technisch und funktional war. Zeit für Räsonnement oder große Debatten blieb wenig.

Aber das in einer stabilen politischen Kultur begründete Vertrauen in die Vernunft der Politik ist natürlich nicht unerschöpflich. Und so war es nur folgerichtig, dass nach wenigen Wochen erste kritische Nachfragen und zunehmend auch der Drang zum gesellschaftlichen Diskurs spürbar wurden. Nicht weil die politischen Entscheidungen generell in Zweifel gezogen wurden, sondern weil es zu einer entwickelten Demokratie gehört, dass sich gerade in Krisenzeiten der weitere Kurs des Gemeinwesens in öffentlicher Debatte herauskristallisieren muss.

Diese Debatte ist wichtig, ihre zentralen Themenfelder kristallisieren sich zunehmend heraus:

Die Europäische Union ist das faszinierendste politische Projekt unserer Zeit. Ihre Zukunft markiert das erste von vier großen politischen Themenfeldern, auf denen wir unmittelbar und konkret Lehren aus der Coronakrise ziehen müssen. Die aktuellen Herausforderungen der Pandemiebekämpfung sind der richtige Moment, die Entwicklung hin zu einer größeren Einheit Europas zu beschleunigen. Aus einem Staatenbund mit gemeinsamem Binnenmarkt muss eine deutlich eigenständigere Formation werden, deren politische Gestaltungsmacht den Kräften eines globalen Marktes (und nun auch einer globalen Pandemie) ebenbürtig ist. In den vergangenen Jahren ist die Bedeutung der Zusammenarbeit der Regierungen im Europäischen Rat so sehr betont worden, dass es zunehmend so schien, als seien die nationalen Egoismen unüberwindlich. Die EU war ein Debatten- und Verhandlungsraum zwischen den nationalstaatlichen Regierungen, aber kaum ein eigenständiger politischer Akteur, der Impulse setzen und den Primat der Politik durchsetzen könnte.

Mit dem gemeinsamen Vorschlag von Angela Merkel und Emmanuel Macron liegt seit Mitte Mai ein neuer Plan auf dem Tisch, der eine europäische Politik jenseits der

Nationalstaaten voranbringen soll. Von einem »Hamilton-Moment« sprach Olaf Scholz. Er erinnerte damit an den ersten US-amerikanischen Finanzminister, der 1790 zum ersten Mal eine eigene Verschuldungsfähigkeit der US-Regierung ermöglicht hat – und damit auch eine eigenständige Haushalts- und Finanzpolitik, die zur Grundlage einer starken amerikanischen Zentralregierung wurde. Einen solchen Schritt schlagen nun Deutschland und Frankreich gemeinsam für die Europäische Union vor – zunächst eingeschränkt und befristet, aber eben doch mit weitreichenden Konsequenzen.

Nach heftigen Diskussionen haben sich die Regierungschefinnen und -chefs im Europäischen Rat Mitte Juli auf diesen Weg einer ersten gemeinsamen Schuldenaufnahme geeinigt, um gemeinsam gegen die wirtschaftlichen Folgen der Pandemiebekämpfung vorzugehen. Nicht in dem von Frankreich und Deutschland vorgeschlagenen Ausmaß, aber doch immerhin so substanziell, dass sich daraus mehr gemeinsame Verantwortung für Europa entwickeln kann.

Bis zu den Vereinigten Staaten von Europa, die die SPD schon 1925 forderte, ist es noch ein weiter Weg. Aber das Bewusstsein dafür wächst, dass wir eigenständige europäische Institutionen brauchen, die den Geist einer auf dem ganzen Kontinent wirksamen Politik in sich tragen. Wer künftige politische Handlungsfähigkeit stärken will, der muss jetzt Europa stärken.

Das zweite große politische Themenfeld betrifft die bereits beschriebene Neujustierung des Verhältnisses von Markt, Staat und Gesellschaft. Wir benötigen eine

Renaissance wirtschaftlicher Ordnungspolitik. Spätestens seit der Finanzkrise 2009 wird das Ende des neoliberalen monetaristischen Paradigmas beschworen. Wer die Potenziale marktwirtschaftlicher Freiheiten nutzen will, um Wohlstand zu sichern und zu mehren, der muss die Märkte in einen Rahmen setzen, der ihrem bisweilen anarchischen Wirken Sinn und Richtung gibt. Das kann nur gelingen, wenn wir uns gesellschaftlich und politisch über diese Richtung verständigen und wenn wir politische Institutionen schaffen, die die daran anschließende Zweckbestimmung des Marktes durchsetzen können.

Den vergleichsweise kleinen europäischen Nationalstaaten wächst diese Aufgabe jeweils für sich genommen zunehmend über den Kopf. Deshalb brauchen wir eine gemeinsame europäische Politik. Aber auch für die nationalstaatlichen und regionalen Zusammenhänge bleiben genug Fragen, die ordnungspolitisch zu beantworten sind: Nationalstaaten müssen die Daseinsvorsorge wieder stärker in die öffentliche Hand nehmen und konkret vor Ort dafür sorgen, dass öffentliche Güter – wie die medizinische Versorgung – auch allgemein verfügbar sind und bleiben. Und sie stehen vor der Aufgabe, den notwendigen digitalen und globalen Umbau der Volkswirtschaften so zu organisieren, dass Wachstum und Wohlstand möglich bleiben. Hier muss Politik wieder mehr Verantwortung übernehmen, um auch die wirtschaftlichen und sozialen Grundlagen freiheitlicher Gesellschaften zu sichern.

Diese Aufgaben werden – sowohl in Europa als auch auf nationaler Ebene – nicht leicht zu bewältigen sein. Die enormen Kosten der konjunkturellen Stabilisierung während und nach den Coronabeschränkungen werden die öffentlichen Haushalte noch eine ganze Zeit belasten. Es war gut, dass sich die öffentliche Hand nach langen Jahren erfolgreicher Konsolidierungspolitik auf stabile Finanzen stützen konnte, aber es wäre fatal, jetzt aus Angst vor staatlichen Defiziten wieder in Austeritätspolitik zu verfallen. Wer die Leistungsfähigkeit unserer Volkswirtschaft erhalten will, der muss sich noch eine ganze Zeit darum kümmern, dass auch die finanziellen Rahmenbedingungen stimmen, dass Konsumentenvertrauen wieder wachsen kann und Unternehmen die Gelegenheit haben, sich zu stabilisieren. Es ist eine enorme Leistung, dass wir die staatlichen Rettungs- und Konjunkturpakete schnüren konnten. Und wir werden auch in den kommenden Jahren mehr Geld ausgeben müssen, als wir einnehmen werden, wenn wir die Krise nicht nur überstehen, sondern als Innovationsschub nutzen wollen.

Genauso konsequent müssen wir dann, wenn die konjunkturelle Erholung einsetzt, die staatlichen Haushalte wieder in die Balance bringen und Schulden zurückführen. Eine Schuldenbremse aber, die vor allem den Verdacht nährt, dass der Staat nicht mit Geld und ökonomischen Notwendigkeiten umgehen könne, wird dabei kaum die richtige Grundlage des Handelns sein können. Sinnvoller wären präzisere fiskalpolitische und makroökonomische Steuerungsinstrumente, die dem Staat Handlungsfähigkeit belassen und ihn zugleich an inhaltliche Zielsetzungen wie Vollbeschäftigung oder eine Begrenzung der Zinslast binden. Wirtschafts-, Finanz- und Haushaltspolitik sollten sich nicht mehr in erster Linie an den Logiken international entfesselter Finanzmärkte, sondern zunehmend auch an gesellschaftlichen Zielen orientieren.

Direkt daran anschließend ist die Weiterentwicklung unserer sozialen Demokratie und unseres Sozialstaats das dritte große Themenfeld. Generell hat sich unser Sozialstaat in der Krise als robust und handlungsfähig erwiesen. Aber in einzelnen Bereichen ist auch deutlich geworden, wohin seine Instrumente noch nicht reichen und wo der Preis der vermeintlichen Freiheit der Selbstständigkeit in einer wirtschaftlichen Krise womöglich zu hoch ist. Während Kurzarbeit und Sozialschutz insbesondere in der klassischen sozialversicherungspflichtigen Beschäftigung wirksame Unterstützung geleistet haben, wurden die Probleme in einigen Randbereichen der Sozialversicherungen offensichtlich. Insbesondere die Absicherung jener Künstlerinnen und Kreativen, die durch die Beschränkungen zwar einkommenslos, aber eben keinesfalls beschäftigungslos waren, erwies sich als schwierig. Die Möglichkeiten der Sozialgesetzbücher passten nur bedingt zur Lebenswirklichkeit mancher Gruppen im Land. Hier hat sich gerächt, dass es uns in den vergangenen zwei Jahrzehnten nicht gelungen ist, unsere sozialen Sicherungssysteme so systematisch zu erweitern, dass sie allen Beschäftigten im Land unabhängig vom Status offenstehen. Während Industriearbeiter mit bis zu 87 Prozent Kurzarbeitergeld rechnen konnten, waren viele Soloselbstständige, die ohnehin schon unter prekären Bedingungen arbeiten, bereits nach wenigen Tagen auf die Grundsicherung angewiesen. Trotz aller sinnvollen Vereinfachungen war damit immer auch die Sorge verbunden, in andere

Jobs vermittelt zu werden, das eigene Vermögen aufbrauchen oder die nicht mehr bezahlbare Wohnung verlassen zu müssen. Nicht jede dieser Sorgen war berechtigt, manche hatte auch viel mit Vorurteilen gegenüber der Grundsicherung zu tun, aber in vielen Fällen war die ungleiche Schutzwirkung der sozialstaatlichen Angebote offensichtlich.

Die Coronakrise hat uns außerdem vor Augen geführt, wie traditionalistisch die familiären und genderspezifischen Strukturen in unserem Land noch sind. Dass die zeitweilige Schließung von Kitas und Schulen Familien unter Stress setzte, war kaum zu verhindern. Dass aber die daraus resultierenden Belastungen überwiegend Frauen betrafen und noch immer betreffen, zeigt, wie viel hier noch im Argen liegt. Zum einen hat es verdeutlicht, wie wichtig es ist, dass wir uns um verlässliche Bildungsangebote in Kitas und Schulen kümmern müssen. Sie sichern Lebenschancen von Kindern und Jugendlichen und ermöglichen zugleich die Vereinbarkeit von Familie und Beruf. Zum anderen hat sich gezeigt, dass die Verteilung von Erwerbs- und Care-Arbeit zwischen Männern und Frauen nicht so bleiben kann wie zurzeit. Die weiterbestehenden Ungerechtigkeiten auf dem Arbeitsmarkt haben die Retraditionalisierung deutlich beschleunigt, weil es in den jeweiligen Einzelfällen oftmals plausibler schien, dass der besser verdienende und Vollzeit arbeitende Mann weiter in den Betrieb ging und die Frau zu Hause bei den Kindern blieb.

Ob wir diesen Strukturen damit beikommen, dass wir die zwischenmenschliche Care-Arbeit nach den Maßgaben des Marktes organisieren, ist keineswegs ausgemacht.

Es ist zu vermuten, dass wir einen Mix sehr unterschiedlicher politischer Programme brauchen werden, die bei
der besseren Bezahlung solcher derzeit zwar oft hoch-
geschätzter, aber gering bezahlter Tätigkeiten anfangen
und bei ihrer besseren sozialstaatlichen Berücksichtigung
noch lange nicht enden.

Wir müssen daher nach Corona einen Sozialstaat entwickeln, der derartige Ungerechtigkeiten nicht mehr zulässt –
weil er schon vorher alle auch in die Solidargemeinschaft
hineinholt und diese nicht auf bestimmte Gruppen wie
Vollzeit-Festangestellte beschränkt. Wenn wir Solidarität
als Grundlage des gesellschaftlichen Zusammenhalts ernst
nehmen wollen, dann müssen wir Sicherungssysteme entwickeln, die innerhalb unserer Gesellschaft universell verfügbar sind. Nicht in Form eines bedingungslosen Grund-
einkommens, das nur vordergründig egalitär wäre und
neue Spaltungen bemänteln würde, sondern durch einen
inklusiven, vorsorgenden und übergreifenden Sozialstaat,
der jeder Bürgerin und jedem Bürger nicht nur in seinen
Fürsorge-, sondern auch in seinen Versicherungsleistun-
gen offenstünde. Die Grundlage dafür wären soziale Bürgerrechte auf Arbeit, Bildung, Gesundheit oder soziale
Sicherung, die wir solidarisch gemeinsam vereinbaren
und dann sichern müssen. Die SPD hat dazu Ende 2019 in
ihrem von Andrea Nahles verfassten Sozialstaatskonzept
wegweisende Perspektiven aufgezeigt, zu denen auch die
Entwicklung der Grundsicherung zu einem Bürgergeld
gehört. Eine konsequente Ausweitung der Solidargemeinschaft unseres Sozialstaates setzte voraus, dass Selbstständige bereit sind, sich in diese Gemeinschaft zu begeben

und Beiträge zu zahlen, weil sie sich umgekehrt im Krisenfall auch auf sie verlassen wollen. Wie die konkreten Sicherungs- und Versicherungssysteme eines solchen solidarischen, auf sozialen Bürgerrechten beruhenden sozialen und demokratischen Staates aussehen könnten, ist politisch noch längst nicht zu Ende diskutiert. Mit der Bürgerversicherung, der Grundrente und Spezialsystemen wie der Künstlersozialkasse sind wichtige Elemente bereits entwickelt worden. Wer die Krisenfestigkeit unserer Gesellschaft erhöhen und dem solidarischen Miteinander einer an Gerechtigkeit orientierten Gesellschaft Ausdruck verleihen möchte, der muss sich ein solches sozialstaatliches Reformprojekt vornehmen. In ihm werden wechselseitiger Respekt und gemeinschaftliche Solidarität als Grundlagen individueller Freiheit konkret.

Ein solches Projekt würde es einer sozialdemokratischen Partei auch ermöglichen, jene neu entstehende Arbeiterklasse zu adressieren, die sich nicht mehr in den klassischen Industriebetrieben findet, sondern in den prekären Beschäftigungsverhältnissen der Dienstleistungsbranchen, in denen oftmals die Grundlage zu gewerkschaftlicher Organisation fehlt und gravierende neue Ungerechtigkeiten entstehen. Hier ein sozialstaatliches und arbeitsmarktpolitisches Sicherungs- und Aufstiegsversprechen zu entwickeln, ist eine große Aufgabe für eine progressive Gerechtigkeitspolitik, die Solidarität zwischen klassischen Arbeitnehmerinnen und Arbeitnehmern, urbanen akademischen Milieus und neuem Prekariat schaffen will. Dieses Projekt weist den Weg zu neuen gesellschaftlichen Mehrheiten für fortschrittliche Politik.

Gelingen wird es nur, wenn zugleich das vierte vor uns liegende politische Themenfeld engagiert bearbeitet wird. Es betrifft die demokratische Wirksamkeit des öffentlichen Raumes unserer Gesellschaft. Er hat in der Coronakrise arg gelitten. Wie in einem Katalysator sind manche bereits vorher angelegten Tendenzen beschleunigt und verschärft worden. Die Verständigung darüber, wie wir gesellschaftliches Miteinander leben und wirtschaftlich und kulturell robust organisieren, braucht aber öffentlich zugängliche Räume – ob virtuell oder analog –, in denen die Verständigung über das Sinnvolle und Notwendige stattfinden kann. Ende Mai hat Nils Minkmar in einem Essay auf *Spiegel.de* darauf hingewiesen, dass wesentliche notwendige Veränderungen das kulturelle Gefüge unserer Gesellschaft betreffen werden: »Entschleunigung, solidarische Kommunikation, Sorge um sich und um die anderen – diese klassischen Qualitäten werden die Basis einer neuen Ethik des viralen Zeitalters.« Wer sie freilegen und stärken will, der muss an den Strukturen unseres Zusammenlebens und damit an der Kultur unserer Gesellschaft arbeiten.

Wie notwendig eine solche Selbstvergewisserung ist, zeigen auch die parallel zu den Lockerungen des teilweisen Shutdowns aufkommenden Proteste gegen eine Politik, die versucht, epidemiologische Notwendigkeiten zu wirtschaftlichen und gesellschaftlichen Bedürfnissen in Beziehung zu setzen. Neben vielen berechtigten Fragen artikulierte sich auf einigen der Demos auch eine merkwürdige Verschwörungsideologie. Jan Philipp Reemtsma beschrieb manche Demonstrierende im Mai in der *tages-*

zeitung als narzisstisch Übersteuerte, die in einer Affekt-
gemeinschaft zusammenkämen. Zu Beginn der Pandemie
wurde der Ruf nach weiteren Beschränkungen zum Ventil
einer narzisstischen Kränkung, die aus dem plötzlichen
Bewusstsein für die eigene Verletzlichkeit resultierte. Später waren es dann auch die »konstitutionell Labilen«, wie
Reemtsma schreibt, die ihre eigene Verunsicherung in
den kruden Gemeinschaften bei Anti-Corona-Demos zu
verstecken oder zu kompensieren versuchten. Wer sich
seiner eigenen Situation grundsätzlich nicht sicher ist, der
reagiert auf die Unsicherheiten einer unüberschaubaren
und dynamischen Situation nicht selten mit ungesteuer-
ter Empörung. Diese »Bewegung« müsse man aushalten,
so Reemtsma: »Wir überschätzen das Politische immer,
weil wir meinen, über Politik gut miteinander reden zu
können. Wir können über Affekte reden, aber mit rein af-
fektiv Gesteuerten nicht. Das möchten wir aber zuweilen
tun, und dann vergessen wir, was wir sehen, und reden
uns ein, es gehe um Politik.«

Umso wichtiger ist es, dass wir dort, wo es sinnvoll *ist*,
dann aber eben doch ernsthaft über Politik und über die
politische Kultur unserer offenen Demokratie reden. Gerade künstlerische und kulturelle Impulse weiten hierbei
den Rahmen des Denkbaren und damit auch des Möglichen. Sie können individuell spürbar machen, was wir
gesellschaftlich vereinbaren müssen. Insofern ist es nicht
nur kultur-, sondern auch gesellschaftspolitisch entscheidend, dass wir uns um die Rahmenbedingungen von
Kunst und Kultur kümmern, dass wir die Strukturen unserer demokratischen Öffentlichkeit und die Fundamente

des offenen Diskurses gerade dann sichern, wenn ihre Prekarität besonders offensichtlich wird. Die Coronakrise hat uns die Fragilität unserer modernen, auf Offenheit, Vielfalt und Verständigung angewiesenen Kultur drastisch vor Augen geführt. Jetzt sind wir gefragt, daraus Schlussfolgerungen für unsere gesellschaftliche und politische Kultur zu ziehen – medial, wissenschaftlich und kulturell.

- *Medial*: Wir müssen uns um die Foren kümmern, in denen gesellschaftlicher Diskurs stattfinden kann. Die Freiheit und Zugänglichkeit medialer Angebote ist essenziell. Ohne verlässliche Informationsangebote und Foren des gesellschaftlichen Austausches werden wir kaum in der Lage sein, zukünftige Modelle des Zusammenlebens zu entwickeln. Hier braucht es gemeinsame Verantwortung: Politik und Medienverantwortliche sollten sich zusammenraufen, um gemeinsam Rahmen und Instrumente einer demokratischen Medienlandschaft zu stabilisieren und zu entwickeln.
- *Wissenschaftlich*: Wir brauchen Räume, in denen auch die tiefer gehende Analyse möglich ist und in denen das exponentiell wachsende empirische Datenwissen verknüpft wird mit der gesellschaftlichen Debatte. Wir brauchen eine für die Normen demokratischer Gesellschaften sensible wissenschaftliche Kultur, die nach der Verbreiterung und der Vertiefung des Wissens ebenso strebt wie nach seiner sozialen und kulturellen Einbettung. Natürlich geht es auch um wirtschaftlich relevante Forschung und Entwicklung. Die entscheidende Transferleistung aber ist die in den öffentlichen Raum einer

Gesellschaft hinein. Schließlich klären wir hier, wie wir künftig gemeinsam leben wollen.

- *Kulturell*: Wir müssen uns darum kümmern, dass der Schock des Virus nicht die Leistungen unserer Kultur beschädigt. Gerade in Zeiten der Unsicherheit braucht es Räume und Gelegenheiten zum wilden Denken, zum anarchischen Spekulieren, zum ungehemmten Spielen. Auch zum Eskapismus und zur kurzzeitigen Flucht in alternative Welten. Das macht uns als Menschen aus. Nein, die Kultur ist nicht systemrelevant. Das würde sie funktional verengen. Kultur hat keinen Zweck, in ihr gerinnt der Sinn unseres Seins und unserer Gesellschaft. Sie macht diese Bezüge individuell und emotional erlebbar. Ihre Relevanz bezieht sich nicht auf ein einzelnes System, sondern immer aufs Ganze. Deswegen stehen wir vor Zeiten, in denen wir kulturelle Impulse dringender brauchen denn je. Und wir benötigen das uneingeschränkte Bekenntnis der Kulturpolitik, die dafür notwendigen Rahmen- und Förderbedingungen sicherzustellen.

Vermutlich haben viele in den zurückliegenden Monaten den Roman *Die Pest* von Albert Camus noch einmal zur Hand genommen, um nachzulesen, wie es den Einwohnern der von einer Epidemie befallenen Stadt ergangen ist. Aber vielleicht auch, um sich mit dem Ausblick zu trösten, den der Autor auf die Tage nach dem vorläufigen »Sieg« über die schreckliche Krankheit gibt. Dort finden sich am Ende beinahe rauschhafte Beschreibungen: »Alle schrien oder lachten. Den Vorrat an Leben, den sie während der

Monate angelegt hatten, da ihr Lebensflämmchen nur noch ganz niedrig brannte, gaben sie an einem Tag aus, der wie der Tag ihres Überlebens war. Am nächsten Tag würde das eigentliche Leben mit seiner Vorsicht anfangen. Im Augenblick verbanden sich die Leute sehr verschiedener Herkunft und tranken Brüderschaft. Die Gleichheit, die die Gegenwart des Todes nicht wahrhaftig verwirklicht hatte, wurde jetzt wenigstens für ein paar Stunden von der Freude über die Erlösung geschaffen.«

In diesen Zeilen findet sich die Hoffnung auf eine intuitiv bessere Gesellschaft nach dem existenziellen Schock der alle bedrohenden Krankheit. Zugleich aber weist Camus darauf hin, dass der Sieg kein endgültiger ist, die Freiheit keine dauerhaft errungene. Sein Protagonist spürt, während er diese ungehemmte gesellschaftliche Freude aus der Ferne betrachtet, »dass diese Fröhlichkeit ständig bedroht war«. Die Krankheit würde nicht aussterben, sondern sie könne lange Zeit unentdeckt ausharren, bis »dass vielleicht der Tag kommen wird, an dem die Pest zum Unglück und zur Belehrung der Menschen ihre Ratten wecken und erneut aussenden wird, damit sie in einer glücklichen Stadt sterben«.

Dieses Wissen um die Endlichkeit unseres Lebens, um die Zerbrechlichkeit unserer gesellschaftlichen und wirtschaftlichen Strukturen und um die Prekarität der Errungenschaften unseres modernen und aufgeklärten Zusammenlebens sollten wir uns bewahren. Es kann das Fundament dafür sein, dass wir die Fragen, mit denen uns die Erfahrung der Bedrohung durch das Coronavirus konfrontiert hat, so vernünftig und nachhaltig beantworten, wie es notwendig ist.

Das Gefühl der Gleichheit in der Bedrohung kann zu einem neuen Bewusstsein für Gesellschaft und Kultur führen – und damit letztlich zu der Solidarität, um die es auch geht. Nicht nur für einen rauschhaften Moment, sondern als Nachhall eines viel tiefer gehenden Schocks, der uns auffordert, sinnhafter mit unseren Möglichkeiten umzugehen.

Diese ersten und vorläufigen Spekulationen zeigen, dass wir kaum vor einer entspannten Rückkehr in die Zeit vor der Coronakrise stehen. Es wird anstrengend werden. Aber es lohnt sich, weil wir die Chance haben, unsere Gesellschaft neu zu begründen – und sozial und demokratisch weiterzuentwickeln. Vor uns liegt eine Zeit, die nach politischer Gestaltungslust geradezu schreit.

DER
DANK

Dass dieses Buch entstanden ist, verdankt sich den freien Zeiten, die sich im Kalender eines Kulturpolitikers auftun, wenn Theater- und Konzertsäle, Museen und Clubs, Kulturzentren und Veranstaltungsorte geschlossen sind, um eine Infektionswelle zu brechen. Natürlich geht es dann intensiv um die Erarbeitung von Hilfsprogrammen. Aber hinter den Fragen der materiellen Absicherung war von Anfang an ein tiefer gehender Verlust spürbar. Mit ihm besser zurechtzukommen, ist die Motivation dieses Essays.

Ich verdanke den Gesprächen mit Künstlerinnen und Künstlern, mit Kulturverantwortlichen, -politikerinnen und -politikern viel, wenn es um die Schärfung meiner Überlegungen und das motivierte Denken nach vorne geht. Ich habe erlebt, wie tief viele getroffen waren. Aber ich durfte auch entdecken, wie intensiv der Wunsch ist, kreativ zu sein und etwas zu schaffen. Trotz alledem – und auch deswegen!

Ich danke den vielen in Verwaltung, Politik, Partei, Medien und Kultur, die dafür kämpfen, dass die Kultur unseres freien Zusammenlebens überdauert. Unter ihnen sind viele, die jenen Geist wilden Denkens und unbeschränkter

Öffentlichkeit vertreten, auf dem sich offene Gesellschaften bauen lassen.

Ich danke meinem Verleger Tim Jung für das Vertrauen, dass aus diesen frühen Spekulationen etwas werden könne, und meinen Lektoren Erik Riemenschneider und Heiko Arntz für viele beherzte Hinweise, die die Lesbarkeit des Textes und die Klarheit des Gedankengangs entscheidend verbessert haben.

Vor allem aber danke ich jenen Menschen, die meine wichtigste Bezugsgruppe sind: meiner Frau und meinen Töchtern. Der Austausch mit ihnen, die Fragen, die Überlegungen, die wilden Annahmen – sie sind der Humus, auf dem dieses Buch gewachsen ist. Insbesondere über die Gespräche und Erlebnisse, Spekulationen und Gedankenspiele mit meiner Frau Ulrike Ehling bin ich jeden Tag aufs Neue unendlich froh. Die Vernunft liegt zwischen uns. Ohne Gegenüber, ohne Partnerin im Gespräch, ohne Begleiterin im Leben können wir sie nicht entdecken.

Gewidmet sei dieses Buch einer Begleiterin, deren Weg während seiner Entstehung viel zu früh zu Ende gegangen ist: Ohne meine Mutter wäre alles Weitere nichts gewesen.

Hamburg, im Juli 2020
Carsten Brosda

Dr. Carsten Brosda, Jahrgang 1974, ist Senator für Kultur und Medien der Freien und Hansestadt Hamburg sowie Vorsitzender des Kulturforums der Sozialdemokratie und Co-Vorsitzender der Medien- und Netzpolitischen Kommission des SPD-Parteivorstandes. Nach einem Studium der Journalistik und Politikwissenschaft wurde er mit einer Arbeit über »Diskursiven Journalismus« promoviert. Er war u. a. Leiter der Abteilung Kommunikation des SPD-Parteivorstandes und arbeitet seit 2011 in Hamburg, zunächst als Leiter des Amtes Medien, ab 2016 als Staatsrat für Kultur, Medien und Digitalisierung und seit Februar 2017 als Senator.